AF391104

LE
MATÉRIALISME
VOILA L'ENNEMI

ÉTUDE

Par le Docteur LACHENAL

D'ANNECY

ANCIEN PRÉSIDENT DE LA SOCIÉTÉ FLORIMONTANE
MEMBRE CORRESPONDANT DE L'ACADÉMIE DE SAVOIE
PRÉSIDENT DE L'ASSOCIATION MÉDICALE DE LA HAUTE-SAVOIE

ANNECY

ANCIENNE IMPRIMERIE BURDET

J. NIÉRAT & Cᵉ SUCCESSEURS

1880

LE MATÉRIALISME, VOILA L'ENNEMI

PREMIÈRE PARTIE

LE MATÉRIALISME ANCIEN

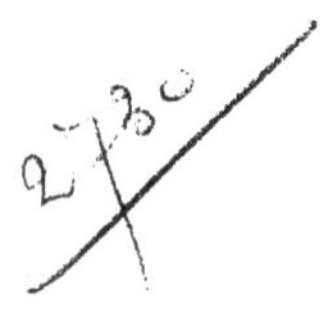

LE MATÉRIALISME

VOILA L'ENNEMI

ÉTUDE

Par le Docteur LACHENAL

D'ANNECY

ANCIEN PRÉSIDENT DE LA SOCIÉTÉ FLORIMONTANE

MEMBRE CORRESPONDANT DE L'ACADÉMIE DE SAVOIE

PRÉSIDENT DE L'ASSOCIATION MÉDICALE DE LA HAUTE-SAVOIE

ANNECY

ANCIENNE IMPRIMERIE BURDET

J. NIÉRAT & Cᵉ SUCCESSEURS

1880

LE MATÉRIALISME, VOILA L'ENNEMI !

Avant-Propos.

I

Considérée à un point de vue général, la Philosophie est l'étude, l'analyse du grand problème du Monde et de l'Humanité.

L'Univers et l'Homme, tels sont les deux sujets qui dans tous les siècles ont occupé l'activité de l'esprit humain.

Qu'est-ce que le Monde, l'Univers ? De quelles substances est-il composé ? Quelle a été son origine ? Quel en est l'auteur ? Quelle est la cause de son existence ? Quelles sont les lois qui le régissent ?

Qu'est ce que l'Homme ? Quelle est sa nature, son origine, sa destinée actuelle et future ? etc.

Tout Homme qui pense, se pose ces questions qui touchent à l'infini ; et ces questions toujours nouvelles, n'ont point encore reçu de la philosophie humaine une solution définitive, sans appel, tant il est vrai que :

« Si c'est la sublimité de la nature de l'homme
« que son âme entrevoie l'infini et y aspire, c'est
« l'infirmité de sa condition actuelle que sa
« science se renferme dans le monde fini où
« il vit (1). »

L'homme cherche, il cherche sans cesse ; il sent en lui les idées éternelles de l'infini, de l'absolu, de l'idéal, de l'immuable, auxquelles il lui est aussi difficile de se soustraire que de les expliquer ; le besoin de savoir est son essence. Il veut sonder les mystères qui l'entourent, résoudre les grands problèmes que son esprit pénétrant aperçoit. Les plus hardis, les plus intelligents imaginent des systèmes, les

---

(1) Voyez Guizot, *Méditations sur la Religion*, tome 1ᵉʳ, p. 131.

soutiennent avec ardeur, en proclament l'incontestable vérité ; puis de nouveaux systèmes apparaissent, renversent les précédents, pour tomber à leur tour et faire place à de nouvelles conceptions !

Un grand écrivain de nos jours, philosophe éminent, Cousin, esprit éclairé, professeur renommé, embrassant d'un coup d'œil synthétique l'ensemble des nombreux systèmes philosophiques qui ont régné avec plus ou moins d'éclat dans le monde entier, depuis les temps les plus reculés, est parvenu à les ramener tous aux quatre suivants :

SPIRITUALISME ET MYSTICISME.
SENSUALISME ET SCEPTICISME (1).

Ces quatre systèmes, réduits à leur essence, peuvent être très facilement ramenés à deux, savoir :

SPIRITUALISME ET SENSUALISME.

Une Ecole moderne entend réduire ces divers

---

(1) Voir Cousin, *Histoire de la Philosophie.*

systèmes en un seul, savoir : au Sensualisme soit au *Matérialisme.*

Dès lors, nous devons poser cette question : L'Univers et l'Homme avec lui, sont-ils composés de deux substances, esprit et matière réunis ? Le visible et l'invisible concourent-ils à la formation de l'ensemble harmonieux des êtres ? ou bien, la *matière*, sous différentes formes, constitue-t-elle seule tout ce qui existe ?

Le croirait-on ? cette question fondamentale n'est pas résolue définitivement pour quelques rêveurs. La philosophie discute, crée des hypothèses, bâtit des systèmes, et quelles que soient les recherches auxquelles on peut se livrer à travers les siècles, on reconnaît que la lutte entre l'esprit et la matière, qui a commencé avec le monde, dure toujours et présente sans cesse des succès alternatifs. Aux siècles de spiritualisme, succèdent les idées contraires; et le débat est aujourd'hui plus ardent que jamais.

C'est en vain que la révélation divine aurait dû mettre fin aux incertitudes et aux erreurs dans lesquelles était plongé le monde ; c'est en vain que la parole du Sauveur a fait briller le flambeau de la vérité, jeté sur le globe entier l'éclat de la lumière céleste ; c'est en vain que Jésus-Christ nous a appris que *Dieu est Esprit* (1), que la toute-puissance de Dieu a créé de rien l'univers et tout ce qu'il contient, que la Providence divine régit et conserve son œuvre ; c'est en vain que le christianisme, en faisant connaître l'homme et ses relations avec Dieu, a révélé pour *toujours* le système du monde moral ; c'est en vain que l'histoire nous prouve qu'il n'a jamais existé un peuple sans Dieu,

Un souffle de matérialisme s'étend aujourd'hui sur la France et le monde entier, et menace de nous envahir complètement ! D'audacieux novateurs proclament avec assurance et prétendent prouver que tout dans l'univers se réduit à

LA MATIÈRE ET A SES FORCES.

---

(1) **Voir Evangile selon saint Jean ; ch. IV, verset 24.**

II

Le Matérialisme, conséquence logique, fatale de la philosophie sensualiste de Locke (1), dont l'influence fut universelle et presque exclusive pendant tout le xviiime siècle, reçut une puissante impulsion de Voltaire, introducteur et propagateur en France du sensualisme anglais. Ce célèbre écrivain, conduit par la déplorable habitude de tourner tout en moquerie, sans aller lui-même jusqu'à l'Athéisme, en prépara l'avènement par ses attaques passionnées contre le christianisme et son divin Fondateur. Aussi le *matérialisme*, soit le pur athéisme, fut sous son influence professé ouvertement par Condillac (2), Helvétius (3), Saint-Lambert (4), d'Holbach (5), Diderot, d'Alembert et les encyclopédistes en général, etc.

(1) Né en 1632 à Wrington.
(2) Voir Condillac, *Traité des sensations.*
(3) Voir Helvétius, *De l'esprit.*
(4) Voir Saint-Lambert, *Catéchisme universel.*
(5) Voir d'Holbach, *Histoire critique de J.-C. Le système de la Nature, etc.*

Égarée déjà par les turpitudes scandaleuses de la cour dépravée de Louis XV, par le scepticisme et l'immoralité qu'affectaient les grands, l'opinion publique accueillit avec faveur les impiétés de Voltaire, se laissa entraîner facilement par l'athéisme des écrivains ses contemporains et ses disciples ; alors le *matérialisme* s'empara des masses et ne contribua pas peu aux horreurs qui ont déshonoré et ensanglanté si tristement les dernières années du XVIIIme siècle.

Au commencement du XIXme siècle, la France, revenue à Dieu, arrachée à ses égarements par la main puissante d'un héros qui la conduisit à la gloire, parut délivrée des déplorables doctrines de l'athéisme ; et pendant la première moitié de notre siècle, elles furent réservées à quelques écrivains isolés et sans échos, tels que le célèbre Laplace, Cabanis, Broussais et peu d'autres ; quand, en 1851, elles furent ranimées par Auguste Comte, chef et fondateur de l'Ecole positiviste, branche du *matérialisme* qui, dès ce moment, a pris un essor, une extension de jour en jour plus alarmants.

Affirmé crûment en Allemagne par le docteur Büchner (1), professeur de philosophie à Berlin, propagé avec talent, sous quelques réserves, à l'Université médicale de cette capitale par le professeur Virchow et toute l'école biologique allemande ;

Professé en Angleterre par le professeur Tindall, fameux, mais prudent matérialiste, ainsi que par MM. Herber-Spencer, Stuart-Mill, écrivains distingués, et par une foule d'autres, tels que : MM. Congrève, Bridges, Harrisson, Parber, Cookson, etc. ; conséquence inévitable du système de Darwin (2) ;

Enseigné en Italie par le docteur Moleschott, prussien d'origine, professeur de philosophie à Turin, depuis 1861, et ensuite professeur à Rome, où il a été nommé, en 1876, sénateur du royaume d'Italie (3) ;

En Suisse, par M. Vogt, ancien député au Parlement de Francfort et aujourd'hui professeur à Genève ;

---

(1) Voir Büchner, *Science et nature.*
(2) Voir Darwin, *Origine des espèces.*
(3) Voir Moleschott, *La circulation de la vie.*

Fondé en France, sous le nom de *positivisme*, par MM. les académiciens Littré, sénateur, Renan, Taine et autres disciples de feu Auguste Comte ; soutenu plus ou moins ouvertement à l'Université de Paris par MM. les professeurs Robin, Herbelot et autres enseignant la biologie à la faculté de médecine ;

Développé par M. Viardot (1) ; prôné par diverses publications de MM. Havet, Maury, professeur de morale, par les docteurs Brocca, Robinet, Bourdet, etc., etc. (2).

Le *matérialisme*, négation absolue de Dieu, de l'âme, de la vie future, du surnaturel en général, et surtout du christianisme, a fait depuis sa renaissance en 1851, soit depuis une trentaine d'années, de si grands ravages dans les intelligences ; il a pénétré déjà si avant dans les masses, dont il flatte les appétits et qu'il délivre de tout frein moral ; il se propage avec une si alarmante rapidité ; il a trouvé un si puissant auxiliaire dans la presse positiviste, soit maté-

---

(1) Voir Viardot, *Libre examen*.
(2) Bourdet, *Philosophie nouvelle*.

rialiste (1), et surtout dans les cent bouches du journalisme radical ; il s'étale si ouvertement dans la littérature, au théâtre réaliste, dans l'école, le haut enseignement et jusqu'au sein de l'Académie française ; il cherche avec tant d'insistance d'escalader le pouvoir, qu'on ne peut plus mettre en doute que le matérialisme menace l'ordre social dans son existence.

Qu'on ne se fasse plus d'illusions ! Il n'existe pas de question plus redoutable et d'une plus brûlante actualité ; la sape frappe à coups redoublés les bases de l'édifice social ; il n'est plus possible de dissimuler le péril que court la société !

---

(1) Voir les feuilles quotidiennes ou les revues spéciales françaises consacrées aux doctrines positivistes ou purement matérialistes, telles que :

1° Les nombreux écrits de MM. Auguste Comte, Littré, Renan, Taine, etc. ;

2° *La Revue germanique* ;

3° *La Revue du Progrès* ;

4° *La Libre-Pensée* ;

5° Une foule d'articles spéciaux insérés dans les grands journaux et revues, notamment :

6° *La Revue des Deux-Mondes* ;

7° *La Revue médicale* ;

8° *La Revue matérialiste et athée* ;

9° *L'Opinion nationale* ;

Dès lors, joignant ma faible voix à celle de tant d'écrivains du plus haut mérite qui ont combattu et combattent sans relâche l'ennemi commun, je voudrais, m'inspirant de leurs écrits, par un exposé concis et fidèle des principes du matérialisme, rendre vulgaires les erreurs et les pièges que cache cette désolante doctrine, en démontrer les dangers et mettre les nouvelles couches, entre autres, en garde contre ses perfides et funestes entraînements.

Je fais appel à l'opinion publique ; je lui signale *une question sociale,* réelle et sérieuse.

C'est dans ce but que j'écris cette étude, que je diviserai en deux parties :

1° Matérialisme ancien.

2° Matérialisme moderne.

10° *La Revue Encyclopédique ;*
11° *Le Siècle ;*
12° *Le Courrier français* et grand nombre d'autres ; *La Province,* entre autres ;
13° *La Gironde ;*
14° *Le Courrier du Gers ;*
15° *Le Progrès de Lyon,* etc., etc., etc.

Frappé des progrès incessants du mal,
A ce défi injurieux :

« L'Ennemi, c'est le Cléricalisme, soit le Christianisme, »

J'oppose cette vérité :

Le matérialisme, voilà l'ennemi !

PREMIÈRE PARTIE

LE MATÉRIALISME ANCIEN

III

Le matérialisme est une erreur, une maladie de l'esprit humain ; considéré comme une forme de l'incrédulité dont il est l'expression extrême, on en trouve des traces dans les temps les plus anciens. Il est alors l'effet du dérèglement qui cherche à se secouer d'un témoin et d'un juge importun ; ce n'est pas là, à proprement parler, le vrai matérialisme.

Mais le matérialisme pur, celui de nos jours, qui prétend s'appuyer sur la science, qui ne voit Dieu ni dans l'univers, ni dans l'homme ; qui prétend que le monde est éternel et que tout se réduit à la matière et à ses forces ; ce matérialisme scientifique est né dans le berceau et dès les premiers pas de la philosophie détournée de son noble but. Aussi, pour le retrouver dans l'antiquité, faut-il le chercher dans la Grèce, pays d'origine de la philosophie; là nous trouvons d'abord Leusippe, qui vivait en 400 avant Jésus-Christ, et qui professa le premier le matérialisme dans toute sa pureté. Et pour en trouver l'origine dans les temps modernes, il faut remonter à Locke, soit au fondateur du *sensualisme;* car, chose fort digne d'attention, le christianisme, en anéantissant le paganisme, fit disparaître aussi toutes traces de l'épicuréisme, qui avait causé la ruine de Rome. Le moyen-âge, en effet, si rempli de l'idée de Dieu, ne connut pas le fléau du matérialisme.

Toutefois, cette sèche et désolante doctrine, était restée en général à l'état l'opinion particulière qu'on n'osait pas manifester publiquement; et quand le matérialisme prit de l'extension, quand il s'est généralisé dans la Grèce et surtout à Rome, il a produit de si déplorables effets, qu'il doit par cela même être pour nous un sujet de graves méditations.

Ainsi, en jetant un regard sur les temps les plus anciens, si nous consultons le *Livre de la Sagesse*, écrit par le roi Salomon, qui régnait en Israël dix siècles avant Jésus-Christ, nous apprenons que déjà à cette époque si reculée les mal-pensants *(male cogitantes)*, les libres-penseurs de ce temps, voulant se délivrer des inquiétudes de l'avenir, rejetaient toute croyance en Dieu et s'en allaient disant :

« Ex nihilo nati sumus et post hoc erimus « tamquam non fuerimus (1). » Soit : *Nous sommes nés de rien, et après cette vie nous serons comme si nous n'avions pas été.*

C'est bien là le cri de l'incrédulité ; mais cette vaine fanfaronnade de débauchés, ne paraît pas avoir eu de suite.

Si nous pénétrons dans l'Inde, grande et célèbre région asiatique qu'arrose le Gange ; nation de quarante millions d'habitants, dont l'existence remonte à la plus haute antiquité, nous y trouvons le Brahmanisme, doctrine

---

(1) Livre de la Sagesse ; chap. II.

contenue dans les livres sacrés, *les Vedas;* ces livres vénérés contiennent à la fois les préceptes religieux, la règle des mœurs, les bases des institutions sociales et ont été de toute antiquité et sont aujourd'hui encore (sauf les modifications bienfaisantes introduites par la domination anglaise) le fondement de la civilisation indienne.

Le Brahmanisme peut être considéré comme représentant en Asie, le spiritualisme. Il a pour base une philosophie dont le principe fondamental est *la perpétuité du sujet pensant* (1).

La doctrine Brahmanique a donné naissance à plusieurs sectes hétérodoxes; la principale est le Bouddhisme, né en 600 avant Jésus-Christ. Cette religion règne aujourd'hui sur tout l'extrême Orient; mélange confus de subtilités puériles, elle enseigne la transmigration des âmes et repose sur les préceptes dictés par Boudha, qui, après plusieurs milliers d'incarnations diverses, est arrivé au comble de la science, a fondé le Bouddhisme, qui n'a enfanté,

(1) Colebrooke, président de la société artistique de Londres.

dit M. Guizot, « que les superstitions fantas-
« tiques, et les abstractions énervantes d'un
« *panthéisme mythologique,* sous le régime de
« l'immobilité des castes et du pouvoir ab-
« solu (1). »

Mais le Bouddhisme se rattache au matérialisme par son principe, assez semblable à celui
de la philosophie sensualiste de Locke, savoir :

« La pensée ou l'esprit (car la faculté n'est
« pas distinguée du sujet) ne paraît qu'avec
« la sensation et ne lui survit pas (2). »

Nous trouvons encore dans l'Inde le *matérialisme* pur enseigné par Kapila, auteur d'un
système de philosophie connu sous le nom de
Sankia-nir-Içvara, soit mot pour mot : *Sankia
sans Dieu.* Cette doctrine s'est bientôt confon-
due avec le Bouddhisme, qui dès lors n'est plus,
d'après Colebrooke, qu'un rameau dégénéré du
Sankia (3).

J'ai hâte d'arriver à la Grèce ; c'est là où

(1) Guizot, *Méditations,* tom. III, p. 11.
(2) Eugène Burnouf, *Introduction à l'Histoire du Boudhisme.*
(3) Voir Cousin, *Histoire de la Philosophie.*

l'esprit humain prend décidément possession de lui-même. La Grèce est le berceau de la vraie philosophie ; elle y est née près de six cents ans avant Jésus-Christ, et dès ses débuts, elle y a atteint les hauteurs les plus sublimes ; mais, si le spiritualisme a trouvé dans cette région privilégiée des interprètes tels qu'Anaxagore, Socrate, Platon, Aristote, etc., le sensualisme professé ouvertement n'a pas tardé à descendre jusqu'à l'athéisme et au pur *matérialisme*.

Je ne parlerai pas de Thalès, chef de l'école ionienne ; ni de Démocrite, le grand moqueur, matérialiste avoué ; ni d'Anaximène, ni d'Héraclite, qui expliquait par le feu tout le système du monde, ces philosophes ont passé sans laisser de traces après eux. J'arriverai sans détour aux vrais matérialistes, à Leusippe, à Diséarque, philosophe fort apprécié par Cicéron. Il niait l'existence de l'âme et affirmait que l'âme est un vain nom : « nihil esse omnino animam, et « hoc esse nomen inane (1). »

---

(1) Voir Cicéron, *les Tusculanes.*

Je m'arrêterai à Epicure, né en 337 avant Jésus-Christ, fondateur de l'école qui a pris de son auteur le nom d'Epicuréisme.

Selon Epicure : « Le monde n'est qu'un com-
« posé d'atomes qui possèdent en eux-mêmes
« le mouvement et les lois de toutes les combi-
« naisons possibles ; le monde se suffit à lui-
« même et s'explique aussi par lui-même. Il
« n'est besoin ni d'un premier moteur, ni d'une
« intelligence première : ainsi, point de Provi-
« dence, point de Dieu, point d'âme spirituelle ;
« dès lors, il est évident que si l'âme est maté-
« rielle, elle est mortelle ; elle est un composé
« qui se dissout à la mort. Les atomes se sé-
« parent, dit Epicure, et tout est fini (1). »

C'est bien là évidemment le pur athéisme, le *matérialisme* le plus avoué. Büchner et nos positivistes ne disent pas mieux !

La doctrine d'Epicure fut introduite à Rome, deux cents ans avant Jésus-Christ, par le poète historien Ennius ; répandue par les Grecs eux-

____

(1) Voir Cousin, *Histoire de la Philosophie.*

mêmes, qui affluèrent dans la capitale de la République, quand, en 146 avant Jésus-Christ, leur pays fut déclaré province romaine; trouvant à Rome les esprits en proie à l'indifférence religieuse, au mépris des dieux, sans guides, sans enseignement moral, le *matérialisme* fit de rapides progrès parmi ces populations grossières. Il fut enseigné plus tard publiquement, avec grand éclat par Lucrèce, mort en 54 avant Jésus-Christ.

« Lucrèce, disciple passionné d'Epicure, nour-
« ri de tous les écrits de cette Grèce, qui avait
« épuisé tour à tour la fable et le scepticisme,
« ne voit dans l'univers et dans l'homme que la
« matière. Il détruit toute spiritualité, toute li-
« berté, toute conscience.

« Les patriciens romains, si riches, si effrénés
« dans leurs voluptés comme dans leur pouvoir,
« en trouvant la doctrine d'Epicure parmi les
« arts de la Grèce, qu'ils appelaient à eux
« comme un plaisir, tirèrent de leur science
« nouvelle un raffinement de corruption, de
« luxe et de cruauté (1). »

(1) Voir Villemain, *le Polythéisme.*

Cette doctrine funeste hâta la dissolution des mœurs, fit tarir le patriotisme, étouffa la liberté, suscita le despotisme le plus brutal, et donna naissance à l'inepte et honteuse servitude où tombèrent bientôt Consuls, Sénateurs, Chevaliers, etc. (1).

Déjà, comme aujourd'hui, on pouvait dire :

Le matérialisme, voilà l'ennemi !

Tel a été, jusqu'à la venue de Jésus-Christ, la marche de l'athéisme dans l'antiquité.

La Grèce peut être considérée comme le véritable berceau du *matérialisme* ; c'est là où il devint dogmatique, où il parvint à constituer un système et à former école ; c'est Rome qui fut le principal théâtre de ses ravages.

Mais pendant que l'athéisme, borné et contenu, était à peu près renfermé dans les limites de la Grèce et de Rome, un spiritualisme grossier, il est vrai, vague et confus, représenté par le poly-

---

(1) Voir Tacite, *Annales*, livre 1ᵉʳ, chap. VII.

théisme, régnait sur le monde. Partout on retrouve des traces de croyance en un Être suprême ; partout, même à travers les fables les plus absurdes, un regard scrutateur peut facilement découvrir l'idée de Dieu.

Un coup d'œil rapide, jeté sur les nations qui ont couvert la terre jusqu'au grand jour de la Nativité du Christ, prouvera cette vérité.

IV

Voici d'abord l'Egypte, grande et très-antique nation, dont l'origine remonte à vingt-quatre ou vingt-cinq siècles avant Jésus-Christ. Son gouvernement fut, pendant plusieurs siècles, purement théocratique ; puis, en 1645 avant Jésus-Christ, Sésostris fonda, par sa valeur et sa sagesse, le grand et puissant empire Egyptien, qui, après mille vicissitudes et plus de seize cents ans de durée, fut vaincu par les Romains et déclaré, par Octave, province romaine trente ans avant Jésus-Christ.

Osiris ou le soleil, figuré par un bœuf ; Isis ou la lune, sous la figure d'une génisse, étaient les principales divinités de l'Egypte, qui en comptait un très-grand nombre de secondaires, mais surtout Sérapis, le dieu des enfers. Les temples fameux, dont les ruines font aujourd'hui encore l'admiration des savants archéologues et des voyageurs, prouvent à quel point fut portée dans tous les siècles, chez les Egyptiens, l'idée de l'Etre suprème. L'immortalité de l'àme était pour l'Egypte un dogme fondamental, qui s'alliait à la croyance à la métempsycose.

L'Assyrie nous montre les empires de Ninive et de Babylone, dont l'histoire fait remonter l'origine à peu près à l'an 2680 avant Jésus-Christ, soit à plus de dix siècles avant Moïse. Là, comme chez les Egyptiens leurs voisins, l'idée de l'Être suprème était très-vivace, mais se cachait sous le voile de fables les plus confuses : l'idolâtrie y régnait en souveraine ; la religion ninivite et babylonienne était bornée au culte de la nature en général et à celui des astres en particulier. Le soleil, la lune, les cinq planètes seules connues alors, étaient chargés, par un dieu supérieur, de gouverner le monde.

Les Mèdes et les Perses, dont l'origine ne remonte pas au-delà de l'an 760 avant Jésus-Christ, croyaient à un Être suprême qu'ils nommaient *Zerwan*. Ils lui attribuaient la création de deux principes célestes : l'un bon, soit *Oromaze* ou la lumière ; l'autre mauvais, soit *Ahrimane* ou les ténèbres.

La religion des Mèdes était connue sous le nom de *Magisme,* du nom de ses prêtres nommés Mages, savants, et aussi prophètes.

Quant aux Persans, leur culte eut d'abord pour objet les éléments, soit le feu, l'eau, la terre et l'air ; ils adorèrent plus tard les astres, surtout le soleil, puis ils adoptèrent le magisme.

Zoroastre est le législateur religieux des Persans ; sa doctrine est renfermée dans le livre traduit par Anquetil, connu sous le nom de *Zend-Avesta* ou la parole vivante.

Les Phéniciens furent encore un de ces peuples dont l'origine est attribuée aux descendants directs de Noé ; Chanaam, fils de Cham, en serait la souche. La fameuse Tyr en fut la capitale, et Baal le dieu principal de ce peuple célèbre dans l'antiquité, qui adorait aussi Vénus sous le nom d'Astarté. Ils élevèrent à ces divinités des temples magnifiques.

La Grèce, comme je l'ai dit, vit naître Épicure et son système des atômes. Longtemps ce philosophe et sa nombreuse école enseignèrent l'athéisme, le pur *matérialisme*, et répandirent au loin le poison de leur déplorable doctrine. La Grèce, ce pays enchanteur, ne fut pas moins la patrie des dieux.

Près de six siècles avant Épicure, Homère et Hésiode, poètes contemporains, au dire d'Hérodote, avaient, dans d'admirables vers, chanté les dieux innombrables dont leur imagination féconde peuplait l'Olympe. On leur éleva des temples nombreux, parmi lesquels le voyageur admire encore à Athènes les restes magnifiques de Jupiter Olympien, du Parthénon, des Propylées, etc. Aussi, quand, près de mille ans plus tard, saint Paul, arrivé à Athènes, fut admis dans l'Aréopage, il put dire avec raison :

« Seigneurs Athéniens, il me semble, qu'en
« toutes choses, vous êtes religieux jusqu'à
« l'excès ; car, comme je regardais, en passant,
« les statues de vos dieux, j'ai trouvé même un
« autel où il était écrit : *Au dieu inconnu.*

« Ce dieu donc, que vous adorez sans le con-
« naître, c'est celui que je vous annonce : *c'est le*
« *Dieu qui a fait le monde et tout qui est dans*
« *le monde* (1). »

Rome, après avoir vaincu le monde presque
entier et l'avoir soumis à ses lois, fut vaincue
à son tour par le *matérialisme* ; toutefois, Rome,
bien que païenne, fut une nation essentiellement
religieuse.

Fondée en 753 avant Jésus-Christ, par deux
frères, Rémus et Romulus, elle eut le bonheur
d'avoir pour son second roi, Numa, prince sage
et pacifique. Chef d'une peuplade de trois à
quatre mille aventuriers réunis par Romulus,
Numa prépara la grandeur de Rome, en adou-
cissant la férocité de ces premiers Romains par
de solides institutions religieuses, que cette na-

(1) **Voir** *Actes des Apôtres*, chap. XVII.

tion, devenue puissante, garda sans altération pendant près de dix siècles.

Les dogmes religieux étaient à Rome sous la garde de l'inquisition politique, dont ils n'étaient qu'un instrument. On y croyait comme à la Patrie, on les observait comme une loi tutélaire de l'Etat.

L'Inde, grande et puissante nation de l'Asie, bien plus ancienne que Rome et la Grèce, très-célèbre dans l'antiquité, reconnaissait, comme je l'ai dit, de temps immémorial avant Jésus-Christ, le Brahmanisme pour sa loi religieuse. Soumise aujourd'hui à l'Angleterre, dont la Reine a reçu le titre d'Impératrice de l'Inde, cette nation suit encore le culte de Brahma, avec mélange de mahométisme et un peu de catholicisme.

Le royaume de Siam, celui d'Anham, le Tonkin et autres Etats du centre de l'Asie, ont été entraînés au Bouddhisme presque aussitôt après que le fondateur de ce culte hétérodoxe fut chassé de l'Inde, soit six cents ans environ avant Jésus-Christ.

La Chine, région immense, dont la population, d'après le dernier recensement ordonné, en 1815, par l'empereur Ki-King, s'élève au chiffre presque incroyable de trois cent soixante-quatre millions d'habitants, et dont l'origine, fixée au commencement du XIXe siècle par le P. Gaubil, missionnaire, qui a habité Pékin pendant trente-six ans, remonte à 2250 avant Jésus-Christ, a suivi de temps immémorial, en partie, les règles du culte tracées par le Tchéou-li, ou livre des rites, écrit onze cents ans avant Jésus-Christ, mélange grossier de *matérialisme* et de quelques notions de spiritualisme, et traduit dernièrement en français par feu M. Biot Edouard fils (1); puis en partie, la loi religieuse, fondée sur le rationalisme, dictée par Confucius, législateur vénéré de la Chine, qui florissait cinq cents ans avant Jésus-Christ, et déposée dans le *Chouking,* livre sacré qui a été traduit en français par le P. Gaubil.

Aujourd'hui, la Chine presque entière professe le Bouddhisme, comme les autres nations de l'extrême Orient. Les louables efforts de nos

____

(1) Voir J.-B. Biot, *Mélanges scientifiques et littéraires,* t. II, p. 355.

infatigables missionnaires ont fait déjà pénétrer, sur différents points de l'empire Chinois, quelques connaissances de catholicisme.

Si nous passons aux nations qui, dans l'antiquité, ont peuplé l'Occident et le Nord de l'Europe, nous trouvons dans la Bretagne, comme dans la Gaule, le dieu *Teuthatès*, que Lucain place en tête de sa théogonie, et après lui, Hésus, Belenus, Taranus, etc., dont les prêtres, connus sous le nom de *Druides*, étaient entourés de beaucoup de vénération. Ces peuples reconnaissaient l'immortalité de l'âme, et la doctrine des récompenses et des peines ; mais les cérémonies et les dogmes de leur religion nous sont inconnus (1).

Les Germains, peuples du Nord, au-delà du Rhin, avaient aussi leurs dieux tutélaires, leurs ministres nommés *Druthins*, qui étaient à la fois prêtres et chefs civils et militaires ; ils avaient un culte et des temples. Tacite nous apprend même que Germanicus, beau-fils de l'empereur Tibère,

---

(1) Voir de Vaudoncourt, *Dictionnaire de la conversation.*

à la tête de l'armée romaine, détruisit de fond en comble le plus beau temple de la Germanie, connu sous le nom de *Tanfana.*

« *Profana simul et sacra et celeberrimum*
« *illis gentibus templum, quod Tanfanæ voca-*
« *bant, solo æquantur* (1). »

Il est donc prouvé qu'il n'y eut jamais un peuple, une nation, *sans Dieu,* sans culte, sans temples, sans autels.

V

Cette course rapide à travers les siècles, ce coup d'œil scrutateur jeté sur toutes les nations connues qui ont peuplé la terre avant l'ère chrétienne ; cette manifestation éclatante du sentiment religieux chez tant de peuples divers ; cette notion de spiritualisme persistante parmi les hommes, malgré les difficultés de l'existence et tant de symboles matériels, qui constituaient le culte païen, montrent que l'Homme porte en

---

(1) Voir Tacite, *Annales*, livre Ier, chap. LI.

lui-même les idées éternelles de l'absolu, de l'infini, et qu'une lumière intérieure l'éclaire et le
dirige ; que son Ame, subjuguée par l'admiration, reconnaît naturellement qu'une Intelligence
suprême a dû présider à l'œuvre merveilleuse
qui l'entoure, et qu'un monde surnaturel plane
au-dessus de ce monde terrestre. Entraîné alors
par ses besoins et par l'espérance, obéissant à
l'idée de Dieu qui est innée en lui, l'Homme
s'élève vers cette Puissance invisible, lui adresse
ses adorations et l'implore dans ses besoins.

Grossier, ignorant, matériel lui-même, l'homme
cherche Dieu dans les objets qui frappent ses
regards : les astres les plus éclatants, le soleil,
la lune, les planètes. Les Hommes qui l'étonnent
par leur valeur, par des découvertes utiles, etc.,
deviennent des divinités, et son imagination féconde peuple à l'envi le ciel d'une foule de faux
dieux, objets de son idolâtrie ; de là, le Paganisme, le Polythéisme.

Un voile épais d'erreurs couvrait le Monde ; le
Paganisme était général, sauf une seule excep-
tion : l'Homme livré à lui-même eût été impuis-
sant à déchirer ce voile ; la main seule de Dieu

pouvait arracher les Hommes au sort qu'ils subissaient ! Fidèle aux promesses faites à nos premiers parents, sa toute-puissance ne leur fit pas défaut !

Au fond de la Syrie, l'Éternel fit choix d'un petit peuple, auquel Il donna la Judée pour patrie.

Abraham fut le père de ce peuple ; ce Patriarche fut choisi par Dieu lui-même, qui, en 2294 avant Jésus-Christ, l'appela et lui dit :

« Sors de la Chaldée, viens au pays que je
« te montrerai ; tu garderas mon alliance toi
« et la nombreuse postérité que je te donnerai ;
« je te bénirai, et en toi seront bénies toutes
« les nations de la terre (1). »

Béni de Dieu, dont il garda fidèlement les lois, le peuple Juif, *en dehors de son affreux déicide,* eut le triple honneur de garder intact l'idée et le culte du vrai Dieu, unique, tout-puissant ; de transmettre au Monde, avec le monothéisme, l'élément divin et moral ; et enfin,

______

(1) Voir *Genèse,* livre XII, versets 1, 2, 3.

de voir naître dans la petite ville de Bethléem, aux lieu et jour fixés par les Prophètes, JÉSUS-CHRIST, Verbe éternel de Dieu, Sauveur, Rédempteur du Monde !

C'est de la Croix, sur laquelle Jésus-Christ a voulu accomplir son sublime sacrifice, qu'est sorti le rayon de lumière céleste qui a éclairé la terre.

C'est par la Croix, qu'après plus de trois siècles de luttes incessantes, d'horribles persécutions et d'affreux martyres, Constantin a placée triomphante en 313, sur le trône impérial de Rome, qu'a été accomplie la Rédemption du genre Humain.

C'est l'humble Croix du Sauveur qui a transformé l'état moral et religieux du Monde.

Cette transformation a été complète, absolue, universelle.

Le Paganisme régnait partout en maître !

La Croix du Christ l'a vaincu, l'a chassé, a brisé partout ses innombrables idoles, l'a remplacé par le Christianisme, et par le culte du seul vrai

DIEU , TRIPLE-ET-UN !

LE MATÉRIALISME, VOILA L'ENNEMI

DEUXIÈME PARTIE

LE MATÉRIALISME MODERNE

DEUXIÈME PARTIE

LE MATÉRIALISME MODERNE

I

Il est temps d'arriver enfin au *matérialis-me* moderne. Cette funeste doctrine n'est plus reléguée aujourd'hui obscurément dans le cabinet de quelque rêveur, ou dans les derniers rangs de la démagogie ; c'est dans les positions sociales les plus élevées, dans les régions de la science et de l'enseignement supérieur ; c'est dans la littérature, dans les rangs des plus hautes intelligences, au sein même de l'Académie Française, qu'on le voit s'étaler. Enseignée publiquement dans plusieurs Universités, sous les yeux et sans opposition de divers gouvernements, le *matérialisme* a pénétré fort avant déjà dans les esprits de toutes les classes de la population, non-seulement en France, mais dans toute l'Europe.

Au doute, à l'indifférence, au scepticisme moqueur qu'attestait la haute société au xviiie siècle, que partageaient dans le Nord, les têtes couronnées elles-mêmes, a succédé de nos jours, la négation de tout spiritualisme, du surnaturel en général et de Dieu, qu'après Laplace, M. le sénateur Littré, de l'Académie Française, chef de l'école positiviste, nomme *une hypothèse désormais inutile* (1).

De là, l'Athéisme qui monte et monte sans cesse; la corruption croissante des mœurs; la loi de l'intérêt et du succès remplaçant la loi morale; la soif insatiable de l'or; l'agiotage effréné; les fortunes scandaleuses et honorées; l'abaissement des caractères; le patriotisme mis en danger par l'excès d'égoïsme; l'affaiblissement des nobles vertus publiques qui ont

---

(1) **Voir Littré** : *Conservation, Révolution, Positivisme.*

fait la gloire de notre grande nation, et la
douloureuse perspective de la redoutable décadence de la France.

Répandu par cent canaux divers parmi les
masses souffrantes et déshéritées du prolétariat,
le *matérialisme* y fait des progrès effrayants ;
il sème dans ces foules incultes et délaissées,
des sentiments d'envie, de haine, de sombre
fureur que surexcite la vue d'un luxe sans
bornes, dont elles sont témoins ; dès lors, ces
hommes sans guide moral, sans consolations
religieuses, se jettent avec passion dans les
rangs de plus en plus serrés et plus menaçants
du Socialisme, comme le prouvent les nombreux
congrès d'ouvriers socialistes, et le nombre
croissant des journaux franchement consacrés
à cette secte (1).

L'attaque contre les bases essentielles de
l'ordre social, qu'excite le matérialisme croissant, est ardente, passionnée, savante, et l'on

---

(1) Il y a seulement deux ans, c'est à peine si le socialisme avait en
France un journal franchement sympathique ; aujourd'hui, il compte
comme ouvertement dévoués :

Le Mot-d'Ordre ;

doit reconnaître avec un écrivain célèbre, que aujourd'hui plus que jamais :

« En bien et en mal, la crise où est plongé « le monde civilisé est infiniment plus grande « que ne l'ont prévue nos pères : plus grande « que nous le pensons nous-mêmes (1). »

LE MATÉRIALISME, VOILA L'ENNEMI !

Le combattre est un devoir, prouver son défaut de base scientifique, son absolue inanité,

Le Prolétaire ;
Le Rappel ;
La Marseillaise de Lyon ;
Le Père-Duchêne ;
L'Anti-Clérical ;
L'Avant-Garde ;
Le Citoyen ;
La Justice ;
Le Réveil social ;
L'Egalité, qui a ouvert, dans les premiers jours de janvier 1880, deux souscriptions : 1° pour le denier de la grève ; 2° pour la propagande socialiste.

Au sujet de ce dernier, *Le National,* du 20 janvier 1880, écrit ce qui suit :

« Depuis six mois, le nombre des journaux qui prêchent ouver- « tement l'appropriation des biens, la destruction des Bourgeois, « grands ou petits, s'est considérablement accru. On parle couram- « ment aujourd'hui de mettre la société la tête en bas, et c'est un lieu « commun que de proposer l'extermination de la bourgeoisie. Cette « campagne peut aller loin ! » (Voir *La Défense,* 21 janvier 1880.)

(1) Voir Guizot, *Méditations religieuses.* tom. II, p. 11.

serait rendre un véritable service à l'ordre social. Quelle que soit mon insuffisance, je n'hésite pas à le tenter. Éclairé par grand nombre d'écrivains de premier ordre, je me propose d'exposer à grands traits :

Les principes, les erreurs, les effets du matérialisme ancien et moderne.

II

C'est de l'Allemagne que nous vient aujourd'hui le *matérialisme* érigé en système absolu, et hautement avoué.

Il y a quelques années à peine, le mot *matérialiste* ressemblait à une injure ; les plus hardis ne franchissaient pas, ouvertement du moins, les limites d'un doute prudent ; aujourd'hui, tous les scrupules de ce genre sont levés ; non seulement on ne rougit plus de son incrédulité, *« on est matérialiste et on le dit* (1). »

---

(1) Voir Caro, *le Matérialisme et la Science*, p. 68.

Propagé en France sous le voile transparent du *positivisme* par trois membres de l'Académie Française, MM. Littré, Renan, Taine, professeur d'esthétique et d'histoire à l'école des beaux-arts, et autres disciples de feu Auguste Comte, le *matérialisme* prend de jour en jour plus d'extension.

Appelant à son aide les sciences physiques, dont les progrès incessants, les découvertes admirables, les merveilleuses applications sont l'honneur du XIXme siècle ; croyant pouvoir invoquer l'appui des doctrines de l'anglais Darwin, et se fonder sur son système erroné de la transformation des espèces, ainsi que sur les déductions fort hasardées de la biologie, le *matérialisme* affiche l'audacieuse prétention :

1° D'annuler toute métaphysique ;

2° De fonder une philosophie nouvelle ;

3° D'établir, sur les ruines du Christianisme, le culte nouveau de *l'Humanité* (2).

---

(2) Voir **Littré**, *Conservation, Révolution, Positivisme.*

III

Avant d'aborder la triste exposition des principes qui constituent la base du *matérialisme moderne*, il est bon, ne fût-ce que pour faciliter la comparaison, de rappeler que le *spiritualisme,* dont la religion chrétienne est la plus sublime expression, repose sur trois vérités essentielles de l'ordre spirituel et surnaturel :

Dieu éternel, l'Ame immortelle, la Vie future.

Le *matérialisme* repousse ces entités comme entachées de métaphysique ; il nie d'une manière absolue ces vérités universellement reconnues.

A la grande, imposante idée de Dieu, esprit créateur, tout-puissant ; il substitue le hasard, l'affinité qui est, dit-il, la toute-puissance créatrice (1).

---

(1) Voir Caro, *le Matérialisme et la Science ;* soit Moleschott, *la Circulation de la Vie,* p. 112.

Il réduit l'Homme à un simple aggrégat de cellules régies uniquement par les forces physiques et chimiques.

L'Ame est, et n'est autre chose qu'une fonction de l'organisation (1).

La pensée est un simple mouvement de la matière (2).

Enfin, aux consolations de la vie future, à l'immortalité de l'Ame, le *matérialisme* substitue la fatalité : il dépouille l'homme de l'espérance, et, pour tout avenir, lui promet le néant.

M. Littré dit, en effet :

« La science n'a pu constater un fait quel-
« conque de vie après la mort. Tel est le résultat
« de la longue critique que la science a exer-
« cée (3). »

Ah ! que je voudrais pouvoir faire entendre au loin ces paroles, que l'illustre professeur

---

(1) Voir Büchner, cité par Janet, p. 31.
(2) Voir Caro, p. 114 ; opinion de M. Moleschott, id.
(3) Voir Littré, *Conservation, Révolution, Positivisme*, p. 123.

Cousin prononçait en 1853, s'adressant à la jeunesse nombreuse qui se pressait à son cours :

« Loin de vous cette triste philosophie qui
« vous prêche le matérialisme et l'athéisme
« comme des doctrines nouvelles destinées à
« régénérer le monde ; elles tuent, il est vrai,
« mais elles ne régénèrent pas. N'écoutez pas
« ces esprits superficiels qui se donnent comme
« de profonds penseurs, parce que, après Vol-
« taire, ils ont découvert des difficultés dans
« le christianisme.

« Vous, chers élèves, mesurez vos progrès en
« philosophie par ceux de la tendre vénération
« et de la reconnaissante sympathie que vous
« ressentirez pour la Religion de l'Évangile (1). »

IV

ENSEIGNEMENT MATÉRIALISTE.

Voici quelques propositions extraites du livre
très-substantiel de M. le professeur Janet, mem-

____

(1) Voir Cousin, *du Vrai, du Beau et du Bien*, avant-propos, p. VI.

bre de l'Institut, *le Matérialisme contemporain ;* elles donnent une idée exacte du système matérialiste tel que l'enseigne M. le docteur Büchner, professeur de philosophie à Berlin, chef reconnu de l'école matérialiste allemande :

1º Point de forces sans matière ; point de matière sans forces (par forces, on entend les propriétés immanentes de la matière) ;

2º Indestructibilité de la matière, indestructibilité de la force ;

3º Il en est de la force comme de la matière, elle est *immortelle ;* elle se transforme, elle ne périt pas ;

4º La matière n'est pas seulement éternelle, elle est infinie, en petitesse et en grandeur ;

5º La matière étant éternelle et infinie, il s'en suit que ses lois sont universelles et immuables ;

6º Le matérialisme repousse et nie toute intervention surnaturelle ; donc, point d'action accidentelle et contingente d'une cause suprême, ni dans le ciel, ni sur la terre ;

7º C'est le temps qui est le grand créateur ;

8º La vie n'est qu'une combinaison particulière des éléments de la matière ; cette combinaison a eu lieu aussitôt que les circonstances favorables ont été produites ;

9° Le docteur Büchner et son école admettent sans hésitation les générations spontanées ;

10° Suivant Büchner, on pourrait supposer que les germes de tous les êtres vivants existent de toute éternité, et ont attendu, pour se développer, la production de circonstances favorables ;

11° Le docteur Büchner, admettant les générations spontanées, admet également la transformation des espèces ; soit, dit-il, toutes les formes organiques naissent les unes des autres par des modifications insensibles. Ainsi, le règne animal a commencé par les formes les plus générales et les plus embryonnaires, et, peu à peu, sous les influences des circonstances extérieures, ces formes générales se sont modifiées et diversifiées ;

12° Les matérialistes rejettent avec énergie toute idée de cause finale et toute hypothèse d'un prétendu dessein dans la nature ;

13° Le docteur Büchner, niant toute force créatrice dérivant d'une cause suprême, tant dans le ciel que sur la terre, enseigne que c'est l'énergie des éléments et des forces de la matière qui, dans leur rencontre fatale et accidentelle, a dû donner naissance à d'innombrables formes, lesquelles devaient se limiter mutuellement, et, par suite du frottement et de l'action réciproque, s'adapter les unes aux autres comme si elles étaient faites l'une pour l'autre ;

14° Les matérialistes, admettant comme chose prouvée que les forces actives de la nature ne peuvent pas être séparées de la nature elle-même, ils emploient des arguments analogues contre cette autre force que nous nommons *Ame*, et qui n'est, suivant eux, qu'une simple fonction de l'organisation ;

15° La *pensée* est une sécrétion du cerveau ; elle est la résultante de toutes les forces réunies dans le cerveau (1).

Telles sont les grandes lignes du système philosophique du professeur Büchner, et les thèses principales du matérialisme allemand.

Le matérialisme de M. le sénateur italien Moleschott, professeur de philosophie à Rome,

____

(1) Voir Janet, *Matérialisme contemporain*, p. 21 et suivantes.

diffère très-peu de celui de son collègue Büchner. Je pourrais même, à la rigueur, me dispenser d'en retracer les lignes principales ; mais, dans une question si grave, tout est important, et la moindre nuance intéresse.

Voici donc, le livre de M. le professeur Caro, de l'Académie française, *le Matérialisme et la Science,* édition de 1868, sur quelles bases repose l'enseignement philosophique que M. Moleschott donne à la jeunesse italienne :

1° C'est au nom de la méthode expérimentale, c'est sous ce patronage exclusif que les chefs du matérialisme moderne prétendent se présenter devant la science du xixme siècle, pour fonder une philosophie définitive de la nature, destinée à remplacer à jamais les innombrables variétés de philosophie de l'idée, et toutes les formes de la religion de l'absolu (1) ;

2° M. Moleschott, par son ouvrage : *Lettres sur la Circulation de la Vie,* s'est fixé d'établir l'unité et l'éternité de la substance dans la variété des changements de formes ; le passage

---

(1) Voir Caro, *Le Matérialisme et la Science,* p. 101.

perpétuel de la matière d'un degré de l'existence à un degré inférieur et supérieur ;

3° M. Moleschott arrive à trois propositions, qui sont devenues le lieu commun du matérialisme moderne, savoir : 1° Les fonctions et facultés mentales expliquées par la physiologie ; — 2° L'histoire du Cosmos, ramenée tout entière à l'action des forces naturelles ; — 3° Les forces naturelles, réduites par la physique à n'être que des modes variables du mouvement inhérent à la matière ;

4° Un des caractères de la matière est de pouvoir, dans des circonstances propices, se mettre elle-même en mouvement ; dès lors, éternité de la matière, son indestructibilité, comme celle de la force.

Enfin, M. le professeur Moleschott enseigne :

Que *Dieu* est la plus inutile des chimères (1) ;

Que l'organique et l'inorganique ne se distinguent que par le degré de complication ;

Que la vie n'est qu'un état de la matière fondé

---

(1) Voir Caro, *Le Matérialisme et la Science*, p. 108.

sur ses propriétés, résultat de mouvements spéciaux que provoquent la chaleur, la lumière,
l'eau, l'air, l'électricité et les ébranlements mé-
caniques ;

Que la force vitale n'est pas un principe, mais
un résultat ;

Que vivre, n'est qu'une application, une force
particulière de la mécanique ;

« Qu'une bouteille contenant du carbonate
« d'ammoniaque, du chlorure de potassium, du
« phosphate de soude, de la chaux, de la ma-
« gnésie, du fer, de l'acide sulfurique et de la
« silice, est d'une manière idéale le principe
« vital complet ; »

Que c'est *l'affinité* qui est la toute-puissance
créatrice, et que l'idée de causes finales est une
absurdité ;

Que l'*Ame* n'est rien que le produit d'une
composition extraordinaire de la matière (1) ;

Que la *pensée* est un simple mouvement de
la matière aidée de l'action du phosphore ; « car,
« dit M. Moleschott, la quantité d'action mentale

---

(1) Voir Caro, *Le Matérialisme et la Science*, p. 112,

« est en rapport avec l'oxydation du phosphore
« qui entre dans la composition de la substance
« cérébrale (1). »

Quant au célèbre naturaliste Carl Vogt, professeur à Genève, son enseignement est le plus pur *matérialisme*, et ne diffère pas sensiblement de celui de ses deux compatriotes Büchner et Moleschott ; seulement, il a cru devoir rajeunir la doctrine de Cabanis, qui a écrit :

« La pensée est une sécrétion du cerveau. »

Le professeur Vogt a accentué davantage cette affirmation, en disant :

« Il y a le même rapport entre la pensée et
« le cerveau, qu'entre la bile et le foie, entre
« l'urine et les reins (2). »

J'arrive à l'Angleterre ; j'y trouve de nombreux écrivains professant, comme je l'ai dit, plus ou moins ouvertement le matérialisme ; je passe. Je m'arrête devant M. Darwin qui, depuis quel-

---

(1) Voir Moleschott, *Lettres sur la Circulation de la Vie.*
(2) Voir Vogt, *Leçons sur l'Homme*, cité par M. Janet, p. 14.

ques années, a acquis une célébrité très-remarquable.

Ce philosophe naturaliste a créé un système fondé sur des bases bien fragiles, comme nous le verrons, savoir : sur *la transformation des espèces, la sélection naturelle, la concurrence de la vie* (1).

Œuvre considérable, mais œuvre d'imagination, sans bases expérimentales ; le système de la transformation des espèces conduit à des conclusions aussi étranges qu'humiliantes pour l'espèce humaine. En effet, selon Darwin et les très-nombreux partisans de sa doctrine : « *L'Homme est un singe transformé !* »

Voici ce que dit M. Darwin :

« L'homme descend d'un quadrupède velu,
« ayant une queue et des oreilles pointues, vrai-
« semblablement grimpeur en ses habitudes, et
« appartenant au vieux continent. Cette créature,
« si un naturaliste avait pu en examiner la struc-

____

(1) Voir Darwin, *l'Origine des espèces*, traduction de M. Barbier, in-8° ; Paris, 1876.

« ture, eût été classée parmi les quadrumanes,
« aussi sûrement que l'aurait été l'ancêtre com-
« mun, et encore plus ancien, des singes du
« vieux et du nouveau monde.

« Les quadrumanes et tous les mammifères
« supérieurs dérivent probablement d'un mar-
« supial ancien, et celui-ci, par une longue filière
« de formes variées, soit d'une espèce de rep-
« tile, soit d'un animal amphibie, lequel à son
« tour a pour souche un poisson (1). »

Ainsi, d'après ce système, fameux aujourd'hui,
car il est de mode d'être *transformiste* pour avoir
l'air d'être *avancé,* tel homme qui aura été l'objet
de l'admiration générale, et qui, frappé plus que
tout autre par *un rayon de cette vraie lumière
qui éclaire tout homme qui vient en ce monde* (2),
aura pu être Platon, saint Augustin, Galilée,
Dante, Copernic, Bossuet, Newton, Berthollet,
Dupanloup, Cuvier, etc., a dû, d'après ce système, commencer son *évolution* à travers la vie,
par être d'abord un protoplasme, une monère,

---

(1) Voir Darwin, *The descent of man,* cité par Chauffart, *la Vie,*
p. 338.
(2) Voir Évangile selon saint Jean, chap. Ier, verset 9.

une cellule organique, puis un ascidie, pour
devenir un ver de terre, un scarabée, puis un
escargot, et s'élever au rang d'un marsupial
quelconque qu'affectionne particulièrement Darwin, un kanguroo peut-être, devenir peu à peu
un pourceau, un âne, et arriver enfin à la dignité
de singe ! De là à devenir un homme, il n'y a
qu'un pas.

Tout cela paraît incroyable, sans doute ; mais
quand on peut, comme messieurs les Matérialistes, supprimer tout spiritualisme, toute action
de l'invisible sur le visible (1) ; quand on peut
nier l'existence de Dieu, principe de toute intelligence, de toute force, de toute puissance ;
quand on veut, dans l'explication des mystères
du Cosmos, se passer de la cause première,
source divine de toutes les causes secondes, on
se jette nécessairement dans des excentricités
qui touchent à l'absurde.

C'est ce qui est arrivé à M. Renan, un des
quarante de l'Académie Française, qui, voulant

____

(1) Voir saint Grégoire, chap. v, disant : *Visibilia nisi per invi-
sibilia videntur.*

expliquer, sans l'intervention de Dieu, l'origine de l'Homme, n'a pas craint d'écrire :

« Un certain jour, en vertu des lois naturelles
« qui, jusque-là, avaient présidé au développe-
« ment des choses, sans intervention extérieure,
« l'être pensant est apparu, doué de toutes
« ses facultés, et parfait quant à ses éléments
« essentiels (1). »

V

Hâtons-nous de passer à l'examen du *maté-rialisme* national ; là est notre ennemi, là est le plus prochain danger ! Hélas ! dans notre chère France, le mal s'accroît si rapidement, il devient si général, qu'il n'est pas possible de faire connaître les dégâts de l'incendie en se bornant à rappeler les principes, l'enseignement de tel ou tel écrivain ; c'est dans les plus hautes régions de l'enseignement, de la littérature, dans la presse spéciale positiviste, matérialiste, radicale en

(1) Voir Renan, *Études d'Histoires religieuses*, p. 217.

général, qu'il faut chercher les progrès que fait l'ennemi social ; les nuances sont à peine sensibles. Le *matérialisme*, en effet, est absolu ; il est le même partout, et ses progrès sont rapides et incessants.

Les avertissements, toutefois, n'ont pas manqués à la France ; mais le souffle du matérialisme, que j'ai signalé en débutant, est devenu rapidement un véritable orage.

Déjà en 1857, M. Caro, professeur à la Faculté des Lettres, à Paris, jetait le cri d'alarme et écrivait avec effroi, dans la *Revue contemporaine,* ces mots :

« L'idée de Dieu est en péril. »

En 1863, Mgr Dupanloup fit paraître son *Avertissement à la Jeunesse et aux Pères de famille,* qui fut un évènement et que tout le monde connaît.

En 1864, M. Janet, professeur à la Faculté des Lettres, disait :

« Il est inutile de le cacher, *l'idée spiritualiste*

« subit une crise redoutable ; s'il ne s'agissait
« que d'une école, on pourrait se consoler ; mais
« il y a ici plus qu'une école : il y a *l'idée spi-*
« *ritualiste.* C'est cette idée dont les destinées
« sont aujourd'hui menacées par le flot le plus
« formidable qu'elle ait essuyé depuis l'Encyclo-
« pédie, et qui emporterait avec elle, si elle
« venait à succomber, *la liberté et la dignité*
« *de l'esprit humain.* »

En 1866, Monseigneur d'Orléans est revenu
à la charge et a publié son très-substantiel ouvrage, intitulé : *l'Athéisme et le péril social.*

Bientôt après, M. de Rémusat, dans son livre :
la Philosophie religieuse, disait à son tour :

« Un effort agressif a été tenté dans ces der-
« nières années contre les principes fondamen-
« taux des croyances communes à toutes les
« nations, en faveur de ce qu'il faut bien appeler
« brutalement du *nom d'Athéisme.* »

En 1876 enfin, Mgr Dupanloup, sentant appro-
cher le terme du noble et généreux combat qu'il
a soutenu avec tant de distinction pour le Christ,

fit entendre le chant du cygne en publiant son précieux opuscule : « *Où allons-nous ?* »

Je pourrais multiplier ces citations. C'est en vain que tant de cœurs généreux s'élancent dans la lice ; la lutte persiste, la gangrène sociale marche et s'avance avec la plus alarmante rapidité.

Mais, chose à peine croyable : la société, si vivement menacée, reste indifférente, poursuit avec insouciance le cours de ses affaires et de ses plaisirs, et ne veut pas croire au danger !

VI

J'ai indiqué déjà que les bases essentielles de toute philosophie spiritualiste depuis Platon, que les principes constitutifs de toute civilisation moderne sans exceptions, que les idées fondamentales d'ordre supérieur qui distinguent les peuples civilisés et qui se retrouvent comme un fonds commun chez tous les hommes, sans distinction de rang, de classe, de fortune, sont :

DIEU, L'AME, L'IMMORTALITÉ.

Les esprits plus cultivés développent ces idées-mères ; ils conçoivent l'éternité, la suprême intelligence, la toute-puissance de la cause première, l'unité de plan de la création et les causes finales.

Tous, en général, reconnaissent comme fondement de l'ordre moral et social :

1° La distinction du bien et du mal ;
2° La loi du devoir ;
3° Le principe du mérite et du démérite ;
4° La justice nécessaire des récompenses et des peines, etc.

Chacun reconnaît que, sans ces immortelles fondations, l'édifice social entier croulerait.

Nous avons vu déjà avec quel dédain les matérialistes étrangers traitent ces vérités ; il ne sera donc pas sans intérêt de rechercher quel cas nos positivistes et matérialistes français, à leur tour, font de ces bases sacrées de tout ordre social.

Je ne distinguerai pas ici le positivisme du matérialisme ; ces deux systèmes ne diffèrent que de nom. Le positivisme, dit M. Lefèvre, n'a de portée que par le matérialisme ; la seule différence, à mon avis, est que le positivisme essaye de dissimuler son athéisme, tandis que le matérialisme l'affiche.

Le matérialisme français, comme celui d'outre-Rhin, duquel il émane, *nie Dieu*, le Dieu personnel, le Dieu créateur, le Dieu providence !

C'est ainsi qu'en 1851, époque où a pris naissance le *positivisme*, et où le matérialisme s'est déchaîné sur la France, feu Auguste Comte, fondateur de la secte positiviste, a solennellement déclaré :

« Exclus irrévocablement de la direction des
« affaires, comme arriérés et perturbateurs, *tous*
« *ceux qui croient en Dieu*, protestants, catho-
« liques, déistes ! »

Dès lors, le docteur Littré, chef du positivisme,

s'est prononcé ; cet académicien nie ouvertement l'existence de Dieu. Il dit entre autres :

« L'idée d'un être théologique quelconque est
« une hypothèse désormais inutile...
« On ne peut expliquer l'origine du monde
« ni par plusieurs dieux, ni par un seul...
« Les sciences ont défait toute théologie ; elles
« refont une nouvelle base religieuse pour la
« société de l'avenir. Cette base, c'est *l'Huma-*
« *nité,* seule providence qui travaille pour nous,
« qui nous allège le poids des fatalités natu-
« relles (1). »

L'athéisme de M. Renan, colonne du positi- visme, est évident ; mais, chez cet académicien, la négation de Dieu a quelque chose de mystique, de raffiné ; aussi, en fouillant ses nombreux ouvrages, on n'y trouve pas l'expression bien nette de sa pensée ; et M. Renan qui, dans son livre : *La Vie de Jésus,* n'a pas craint d'abaisser le Verbe éternel, sauveur du monde ; de dépouiller le Fondateur du Christianisme de sa

---

(1) Voir Littré, *Conservation, Révolution, Positivisme,* pages 238, 279, 327.

divinité ; d'exclure Jésus-Christ de la Sainte-Trinité, de lui enlever sa bienfaisante et divine autorité sur les âmes, écrit d'autre part :

« La nature humaine, source éternelle de
« beauté, vivra à jamais dans *ce nom sublime* (le
« nom du Christ), comme en tous ceux que
« l'humanité a consacrés, pour se rappeler ce
« *qu'elle est* et s'enthousiasmer de *sa propre*
« *image* (1). »

Ce même académicien écrit encore :

« Qu'est-ce que Dieu pour l'humanité ? si ce
« n'est *le résumé transcendant de ses besoins*
« *supra-sensibles, la catégorie de l'idéal, soit la*
« *forme sous laquelle nous concevons l'idéal,*
« comme l'espace et le temps sont les catégories
« des corps (2). »

Qu'entend M. Renan par cette espèce d'énigme ?

Peut-être espère-t-il échapper aux étreintes de la vérité ; c'est en vain. Nous allons voir que, pour M. Renan, Dieu n'est autre chose que le

---

(1) Voir Renan, *Liberté de penser*, tom. III, p. 470.
(2) Voir Renan, *Liberté de penser*, tom. VI, p. 348.

hasard. Voici une réponse que cet écrivain positiviste fit, en 1862, à M. Guéroult, rédacteur du journal *l'Opinion nationale,* qui le questionnait sur la nature de Dieu :

« Toutes les facultés, répondit M. Renan, que « le déisme vulgaire attribue à Dieu, n'ont jamais « existé sans un cerveau. »

Mais, dira-t-on naturellement à ce savant : quand il n'y avait point de cerveau, que se passait-il ?

Comme il n'y avait alors ni intelligence suprême, ni facultés intellectuelles, ni providence, ni force divine quelconque ; nécessairement, l'univers qui existait déjà était né du hasard, était livré au hasard, et tout le monde matériel inorganique était abandonné au hasard ! Car, pour quiconque a la moindre idée de la cosmogonie, le monde, l'univers tout entier, le globe terrestre comme planète, ont devancé d'un nombre de siècles infini, même d'après nos livres sacrés, l'apparition de la vie, et ce n'est qu'alors (l'existence éternelle de Dieu étant niée) qu'ont apparu les êtres doués d'un cerveau, et qu'a été créé l'Homme, seul, parmi tous les êtres vivants, doué d'intelligence !

Comme ses collègues de l'Académie et de l'Ecole positiviste, MM. Littré, Renan, M. Taine nie l'existence de Dieu, et ne paraît reconnaître que la *nécessité* et le *hasard*.

« Nous pensons, dit-il dans la *Revue des*
« *Deux-Mondes,* qu'il n'y a rien au monde que
« des faits et des lois.

« Les puissances génératrices ne sont que les
« propriétés élémentaires ; et la force active par
« laquelle nous figurons la nature, n'est que
« la *nécessité,* qui transforme l'un dans l'autre
« le composé et le simple, le fait et la loi.

« Par-là, nous désignons d'avance le terme
« de toute science, et nous tenons la puissante
« formule qui, établissant la liaison invincible
« et la *production spontanée des êtres,* pose dans
« la nature le ressort de la nature, en même
« temps qu'elle enfonce et serre au cœur de
« toute chose vivante, les tenailles d'acier de la
« *nécessité !* »

La *production spontanée des êtres*, n'est-ce pas le hasard ?

Nécessité ! Hasard ! « thèses de jeunesse ! »

Ah ! que de sagesse, que d'à-propos dans les mots suivants, prononcés par le savant et vénérable professeur Dumas, dans une récente réception solennelle à l'Académie Française, et adressés au récipiendaire :

« Il y a toujours un créateur, qu'il s'appelle
« *hasard* ou *sagesse* ; mais celui qui attribue
« tout au hasard, ne reconnaît de droit que
« pour la force, de devoirs que pour la faiblesse ;
« tandis que l'existence d'un plan suppose une
« justice éternelle, que le faible peut invoquer
« et que le puissant doit craindre (1). »

A mon tour, je me permettrai une modeste observation :

Quand, après avoir parcouru avec plaisir un des nombreux volumes sortis de la plume de M. Taine, je le dépose ; je ne peux m'empêcher

____

(1) Voir Discours de M. J.-B. Dumas, chargé de répondre à M. Taine ; séance du 16 janvier 1880, Académie française.

de dire en moi-même : ce livre n'est pas l'œuvre du *hasard ;* son auteur, car il en a un bien certainement, doit être un homme de talent et de savoir. Il en a conçu le plan avec beaucoup d'intelligence ; il en a conduit l'exécution avec une sage méthode, et l'enchaînement des idées dispose naturellement le lecteur en faveur du but que s'est proposé l'écrivain qui, d'ailleurs, a enveloppé sa pensée d'un très-beau langage.

Comment donc peut-il se faire qu'un homme aussi supérieur que M. Taine, qu'un professeur d'esthétique habitué à étudier le *beau,* à l'envisager dans ses développements et dans son principe ; après avoir sondé l'immensité du ciel, entendu les sublimes harmonies des astres dans leurs incessantes rotations ; qu'après avoir admiré, avec son discernement d'artiste, les merveilles des innombrables organismes vivants, et de tout l'ensemble admirable de la création, ne s'écrie pas à son tour :

« L'Auteur, le créateur de ces ouvrages incomparables est, sans contredit, doué d'une suprême intelligence ; sa puissance doit être au-dessus de toute puissance !

Cet Auteur est au-dessus de tous les auteurs !
Oui, je le reconnais, cet Auteur tout-puissant
mérite, seul, le grand nom de DIEU ! »

Hélas ! je sens trop l'impuissance de ma
faible voix pour espérer qu'elle soit entendue
des hautes intelligences dont je viens de prononcer les noms académiques ; pour venger
Dieu de l'oubli auquel le matérialisme voudrait
condamner son nom, j'appelle à mon aide un
illustre païen, Cicéron, le prince des orateurs
Romains.

Je trouve et je me plais à retracer quelques
paroles solennelles que je lis dans ses œuvres :

« Rien n'est plus beau que le gouvernement
« du monde ; c'est donc par le conseil des
« dieux qu'il est gouverné. S'il en était autre-
« ment, il faudrait en vérité qu'il y eût quelque
« chose qui fût meilleur et plus puissant que les
« dieux, que ce fût un être inanimé, ou quelque
« *nécessité* fortement poussée et capable de
« produire les ouvrages dont nous admirons la
« beauté.

« Dans ce cas, la puissance des dieux ne serait

« pas la plus forte, la plus excellente, étant sou-
« mise à une *nécessité,* ou à un être qui gouver-
« nerait le ciel et la terre. Or, rien n'est supé-
« rieur à Dieu.

« *Nihil autem est præstantius Deo* (1).

« Il faut par conséquent que ce soit Lui qui
« gouverne le monde. Il est donc certain qu'Il
« n'obéit, qu'Il n'est soumis à aucun être, que
« c'est Dieu même qui régit la nature.

« Qui donc voudrait donner le nom d'Homme
« à celui qui, voyant les mouvements si justes
« du ciel, le cours si régulier des astres, et la
« liaison si heureuse de tout, nierait pourtant
« qu'il y ait là une cause intelligente et préten-
« drait établi, par le *hasard,* ce dont la sagesse
« ne peut pas même être conçue par la nôtre ?

« Quand nous voyons quelque mouvement
« mécanique, par exemple celui d'une sphère,
« d'une horloge, ou autres objets, nous ne dou-
« tons pas que ce ne soit là les ouvrages d'une
« intelligence ; et, lorsque nous voyons le ciel
« entraîné avec une si merveilleuse célérité,
« tourner d'une manière si constante et offrir,

----

(1) Cicero, *de Natura Deorum,* liber II, cap. xxx.

« pour le plus grand bien et la conservation de
« toutes choses, les diverses saisons de l'année,
« douterions-nous que cela ne soit dirigé par
« quelque intelligence et même par une intel-
« ligence supérieure, divine ? *Dubitamus, quin
« ea non solum ratione fiant, sed etiam excel-
« lenti quadam divinaque ratione* (1) ? Car,
« enfin, il n'est plus besoin ici de subtiles rai-
« sonnements ; nos yeux peuvent examiner la
« beauté des choses, dont nous attribuons l'éta-
« blissement à la *Providence*.

« Pour ce qui est maintenant de *l'Ame* elle-
« même, de l'intelligence de l'homme, de sa
« raison, de son discernement, de sa prudence,
« quiconque ne comprend pas que ce sont là
« les ouvrages d'une Providence divine, me
« semble manquer de ces facultés. *Qui non
« divina cura perfecta esse perspicit, is his
« ipsis rebus mihi videtur carere* (2). »

Ah ! quel concert sublime je ferais entendre
à la gloire de Dieu, si, moins resserré dans les
étroites limites de cette modeste étude, je pouvais

---

(1) Cicero, *de Natura Deorum*, lib. II, cap. XXXVIII.
(2) Cicero, *de Natura Deorum*, lib. II, cap. LIX.

appeler en témoignage les vaillants Pères de l'Église catholique, grecque et latine : les Chrysostôme, les Athanase, les deux Grégoire de Nysse et de Nazianze, les Basile, les Ambroise, et surtout saint Augustin, prince des docteurs et métaphysiciens chrétiens, ainsi que beaucoup d'autres qui, de leur voix éloquente et convaincue, ont anéanti les derniers restes du paganisme au IVme siècle, terrassé l'arianisme, dissipé les nombreux schismes enfantés par une raison orgueilleuse et égarée !

Que ne puis-je évoquer ici les ombres vénérables de ces puissantes colonnes du catholicisme, Albert-le-Grand (Atlas qui porta, dit Ozanam, sur sa tête le monde entier de la science, et ne fléchit pas sous le poids); saint Thomas d'Aquin, docteur angélique ; saint Bonaventure, docteur séraphique, et Roger Bacon, docteur admirable, tous honneur et gloire du XIIIme siècle, et surtout le Dante, dont l'admirable poème : *la Divine Comédie,* est la Somme littéraire et scientifique du moyen-âge (1).

---

(1) Voir Ozanam, *Dante et la Philosophie catholique du treizième siècle,* p. 33.

Avec quel bonheur je rappellerais les phases diverses de la lutte vive et éclatante du spiritualisme et du scepticisme, précurseur du *matérialisme*, qui s'étendit sur toute l'Europe, et qui a signalé le xviime siècle si fécond et si riche en hommes illustres ; lutte grandiose, dans laquelle notre célèbre Descartes et les grands écrivains catholiques de cette époque mémorable, ayant Fénelon et l'immortel Bossuet à leur tête, tinrent une place si remarquable.

Que ne m'est-il donné de faire entendre la grande voix de ces hommes éminents, de ces illustres écrivains qui ont inauguré dans notre France *le réveil chrétien,* honneur et caractère distinctif du xixme siècle, si fécond en merveilles et aussi en *erreurs !* réveil salutaire et sauveur que le matérialisme entrave, mais que s'efforce d'entretenir, avec énergie et dignité, l'épiscopat français, qui tient fermement en ses mains le drapeau du spiritualisme et du catholicisme !

Forcé de me limiter, je me bornerai à citer quelques beaux vers, que notre grand Corneille met dans la bouche du martyr Polyeucte, au moment où, marchant au supplice, il dit à Pauline sa fiancée, encore païenne :

« Tout beau, Pauline, il entend vos paroles ;

« Et ce n'est pas un Dieu, comme vos dieux frivoles,

« Insensibles et sourds, impuissants, mutilés ;

« De bois, de marbre, ou d'or, comme vous les voulez ;

« C'est le Dieu des chrétiens, c'est le mien, c'est le vôtre,

« Et la terre et le ciel n'en connaissent pas d'autre (1). »

VII

Nous connaissons sur Dieu, qui est la clef de voûte du grand-œuvre de l'univers, quelle est la manière de voir des trois chefs de l'école positiviste. Je pourrais multiplier les citations ; il me serait facile, sur ces grandes questions de Dieu, de l'âme, de la vie future, des causes finales, de l'unité du plan de la création et de tant d'autres, de demander l'opinion de M. Maury, professeur de morale, du récent sénateur Broca (2),

---

(1) Voir Corneille, *Polyeucte*, tragédie, acte IV, scène III.
(2) Voir Broca, *l'Ordre des Primates*. Ce Professeur dit : « Les faits
« groupés avec tant d'art et de clarté, par Huxeley, assignent une
« place à l'homme dans l'ordre des Primates. »

de MM. les docteurs Robinet, Bourdet, Bert,
Naquet, ainsi que de M. Viardot (1), tous ardents
matérialistes, et même des savants Berthelot,
Robin, et d'une foule d'autres écrivains en re-
nom. Je pourrais surtout, par des extraits, faire
connaître l'esprit de la presse positiviste, matérialiste, radicale, etc. ; mais ce serait me livrer à
des redites fastidieuses ; la réponse générale
serait parfaitement identique et se résumerait en
une négation absolue sur toutes les questions
ci-dessus.

Peut-être même, joignant le sarcasme à la
négation, me répondrait-on crûment, comme le
fait la *Libre-Pensée,* journal dévoué au matérialisme :

« Dépouillant la réalité des *oripeaux* qui la
« cachent de nos yeux, nous acceptons hardi-
« ment l'existence telle qu'elle est. »

Ou bien encore, comme la *Revue du Progrès :*

« Ce n'est pas d'un raisonnement particulier,
« ni d'une exposition limitée, mais bien de tout

---

(1) Voir Viardot, *le Libre Examen.*

« l'ensemble des *sciences naturelles* que ressort
« ce grand résultat : *l'Ame est une chimère*
« *et son immortalité un non-sens* (1). »

Ou bien, M. Naquet accentuant sa négation,
nous dirait :

« L'idée de Dieu est déjà bien ébranlée ; cela
« ne suffit pas, il faut lui porter les derniers
« coups (2). »

A quoi M. Taine ajouterait, comme principe
de morale :

« Le vice et la vertu sont des produits comme
« le sucre et le vitriol (3). »

Enfin, pour remplacer les espérances de la vie
future, l'onctueux M. Renan, du haut de son
siège académique, nous donnerait un doux
conseil et daignerait nous avertir :

« Que ceux-là seuls arrivent à trouver le se-

---

(1) Voir *Revue du Progrès*, novembre 1863.
(2) Voir *Revue Encyclopédique de la Méthode*, p. 52.
(3) Voir Taine, *Histoire de littérature anglaise*.

« cret de la vie, qui savent étouffer leur tris-
« tesse et se passer d'espérance (1). »

VIII

Nous avons vu que la doctrine *matérialiste*
se présente sous l'apparence et avec la prétention
d'une théorie purement scientifique et expérimentale, purgée de toute hypothèse métaphysique ; nous savons qu'elle tient pour suspecte
toute conception spéculative qui ne se rattache
pas directement à la science.

Nous avons pu nous convaincre que MM. les
professeurs Büchner, Moleschott, toute l'école
purement matérialiste allemande, ainsi que les
positivistes, soit matérialistes de France, admettent sans hésiter les *générations spontanées* et
même le *transformisme*. Cela étant, j'accepte
volontiers le combat sur ce terrain, et je recon-
naîtrai sans peine que, si ces maîtres de la

____

(1) Voir Mgr Dupanloup, *Averlissement aux Pères de famille*,
p. 77.

science peuvent parvenir avec de la *matière pure,* sans intervention, sans secours transcendant, à *faire naître la vie,* à produire un *être vivant,* quel qu'il soit, la théorie matérialiste sera bien près du succès.

Mais, vains efforts, vaine prétention, comme j'espère pouvoir le prouver.

La science elle-même, dans sa plus haute représentation, a prononcé son arrêt définitif en ces termes :

« La génération spontanée n'est pas (1). »

Ce n'est pas comprendre la question, dit le savant Flourens, que de douter encore ; cependant, on insiste à tous périls et risques !

Mais, comme nous le verrons, aujourd'hui comme toujours depuis la création divine, *sans fécondation* préalable, *point de vie !*

Le vieux axiome d'Harvey, *omne vivens ex ovo,* n'a rien perdu de sa vérité.

---

(1) Voir Flourens, secrétaire perpétuel de l'Académie des Sciences, *Origine des espèces,* p. 170.

Dès lors, je me propose de pénétrer au cœur même de la question, d'appeler la science à confondre ceux qui osent abuser de son nom vénéré, et, guidé par les naturalistes les plus savants et les plus renommés, j'étudierai avec quelques développements les *générations spontanées*, question pleine d'actualité et aussi curieuse qu'intéressante. J'y joindrai l'examen du *Darwinisme* et aussi celui de *l'Origine de la Vie*, questions qui forment l'ensemble des sciences physiques, dont le matérialisme croit pouvoir invoquer le témoignage à son appui.

IX

GÉNÉRATION SPONTANÉE

La théorie, ou mieux, l'hypothèse des *générations spontanées,* remonte aux temps les plus reculés ; née de l'ignorance, elle s'est prolongée tant que la lumière de la vraie science n'a pas éclairé les hommes.

Ecoutons ce qu'écrivait à cet égard, en 1864, le secrétaire perpétuel de l'Académie des sciences, le savant professeur Flourens :

« La terre est la mère commune de tout ce
« qui vit, disaient les anciens ; et, de cette origine
« si simple, l'homme lui-même n'était pas ex-
« cepté. Cependant, Epicure veut bien convenir
« que, de son temps, la terre épuisée ne pro-
« duisait plus d'hommes ni de grands animaux.
« Elle ne produisait plus que des insectes ; mais
« *la terre produisait tous les insectes* (1). »

On a de la peine à se persuader que cette grossière croyance se soit perpétuée, sans modification aucune, jusqu'au milieu du dix-septième siècle ; bien plus, elle persiste ; on l'a rajeunie, et, accueillie avec enthousiasme comme une nouveauté et un secours par le matérialisme, la théorie des générations spontanées constitue aujourd'hui une des bases sur lesquelles nos libres-penseurs en général prétendent fonder la nouvelle école matérialiste.

---

(1) Voir Flourens, *Origine des espèces*, p. 121.

Rien de plus curieux, rien de plus intéressant
que de suivre par quelles voies ingénieuses de
savants et patients naturalistes sont parvenus, à
l'aide de minutieuses observations, à rayer définitivement les *générations spontanées* du cadre
des connaissances naturelles, et à en démontrer
l'absolue fausseté.

Remarquons d'abord que l'opinion du vulgaire
était arrivée peu à peu à préciser les sources
particulières des diverses générations spontanées. On en était venu à ne plus attribuer à la
terre seule la faculté de produire directement des
insectes ; c'était la corruption, la putréfaction
qui possédait ce pouvoir ; on précisait même les
sources particulières d'où provenaient les divers
insectes. Ainsi, il était admis que la chair corrompue du taureau produisait les abeilles ; celle
du cheval des guêpes ; celle de l'âne des scara-
bées ; celle de l'écrevisse des scorpions, etc.

Redi, savant professeur, a eu la constance, en
1688, de soumettre au criterium de l'expérience
toutes ces opinions diverses ; par sa persévé-
rance, il est parvenu à en démontrer l'absurdité.

Voici, parmi les mille expériences qu'a tentées ce savant, une des plus remarquables et des plus convaincantes :

On sait que si on laisse de la viande quelconque se putréfier à l'air libre, bientôt elle se couvre de vers ; si l'on en suit le développement, ces vers deviennent bientôt des mouches de différentes espèces. On croyait autrefois, peut-être même se trouve-t-il aujourd'hui encore, quelques personnes qui croient et qui ne craignent pas d'affirmer, que c'est la chair corrompue qui a produit ces vers.

Or, le professeur Redi place de la viande toute fraîche dans un vase ouvert, puis il l'entoure d'une gaze fine qui le ferme très-exactement ; après quelque temps, la putréfaction se déclare, la gaze se couvre de mouches qui y déposent leurs œufs ; bientôt de ces œufs naissent des vers ; la corruption de la viande poursuit son cours ; la viande s'altère de plus en plus ; mais, tant qu'elle reste exactement couverte, on n'y voit point apparaître de vers.

Quoi de plus concluant ! Mais l'erreur est si

tenace : chassée d'un point, elle se réfugie vers un autre.

Chacun connaît ces espèces d'excroissances, que l'on trouve surtout sur le chêne et qu'on nomme *galles*. Si l'on ouvre à un moment convenable une de ces excroissances, on y trouve invariablement un ver niché dans l'intérieur. Ici, il ne peut pas y avoir de doute : ce ver n'a pas pu être introduit dans cette *galle* ; il est donc bien le produit spontané de la végétation !

Or, M. le professeur Malpighi, célèbre anatomiste et observateur éclairé, est parvenu, en 1687, à dévoiler ce mystère.

Voici comment Malpighi raconte lui-même sa bonne fortune :

« Une seule fois, dit-il, vers la fin du mois de
« juin, j'ai vu une mouche (un cynips) posée
« sur une branche de chêne, dont les bourgeons
« commençaient à se développer. Cette mouche
« s'était attachée à la petite feuille qui sortait à
« peine de l'enveloppe du bourgeon à demi en-
« tr'ouvert ; elle tenait son corps ramassé sur

« lui-même en forme d'arc. Elle avait dégaîné
« sa tarrière, et en frappait à coups redoublés
« la petite feuille ; puis, enflant son ventre, elle
« faisait sortir d'intervalle en intervalle, de l'ex-
« trémité de sa tarrière, un œuf, qu'elle dépo-
« sait et faisait pénétrer dans le corps de la
« feuille. Voilà l'origine de la galle, qui devient
« ainsi un nid pour le futur cynips. »

Repoussés sur ce terrain, les partisans des *générations spontanées* ont eu recours aux *vers intestinaux* et autres parasites, dont tout corps vivant est la demeure.

On ne pourra pas nier, disaient-ils, la génération spontanée de ces êtres, que rien n'a pu introduire dans nos entrailles, qui vivent et se développent dans les tissus des animaux vivants.

Mais ici encore l'observation a réduit à néant les arrêts de la crédulité ignorante.

Le savant Redi, qui a fait une étude toute spéciale des vers intestinaux, avait démontré déjà que nos vers étaient pourvus d'organes distincts pour les deux sexes, et qu'ils se propageaient comme tous les autres animaux (1).

Puis les curieuses recherches de Van-Beneden nous ont révélé les conditions vraiment étranges de ces êtres très-extraordinaires.

Ce savant nous a dévoilé une circonstance tout à fait remarquable de leur mode de vivre.

Pour parcourir le cercle de leur existence, les vers parasites doivent, de toute nécessité, habiter le corps d'animaux différents et passer de l'un à l'autre. Leur vie doit commencer dans le corps d'un *herbivore,* pour se compléter dans celui d'un *carnivore* (2).

« Ainsi, tout *ver parasite rubanaire* passe « par trois phases diverses.

« D'abord, il est à l'état *d'œuf;* il est, dans « cet état, déposé sur l'herbe par un carnivore « avec ses excréments (un chien, par exemple) ; « cet œuf est avalé par un herbivore, qui broute « l'herbe sur laquelle il a été conservé sans

---

(1) Voir Redi, *Osservazioni intorno agli animali viventi che si trovano negli animali viventi* (1684).

(2) Voir Van-Beneden, *de l'Homme et de la perpétuation des espèces dans les rangs inférieurs,* p. 39 (1859).

« altération (un mouton, par exemple) ; arrivé
« dans l'estomac, le principe vital qui réside en
« cet œuf, résiste à l'action digestive ; cet œuf
« éclot, se développe, prend la forme *vésiculaire,*
« qu'il garde tant qu'il est logé dans le corps
« d'un herbivore ; si ce corps est celui d'un
« mouton, le nouveau ver devient un *cœnure,*
« qui parfois parvient jusqu'au cerveau du mou-
« ton, et lui donne la maladie connue sous le
« nom de *tournis ;* si, par hasard, ce mouton
« est dévoré par un chien, un loup ou autre
« carnassier, le cœnure qui était *vésiculaire*
« y prend la forme *rubanaire,* et s'y transforme
« en *ténia.*

« Le ver *solitaire* proprement dit de l'homme
« *(tœnia solium),* vient du *cysticerque celluleux*
« du cochon. L'homme a, d'ailleurs, plusieurs
« autres *ténias,* mais on ne connaît encore l'ori-
« gine que de celui-là (1). »

La même marche, ajoute Van-Beneden, est
suivie par tous les vers parasites.

---

(1) Voir Van-Beneden, *de l'Homme et de la perpétuation des espèces dans les rangs inférieurs.*

Mais les *infusoires* échapperont à cette loi trop générale, et là au moins se retrouvera la génération spontanée ?

Vain espoir !

Ehremberg, dans un savant mémoire sur la vie microscopique dans l'Océan, nous donne, sur la prodigieuse fécondité des animalcules de ces régions, des détails incroyables ; ainsi les *monadines,* dont le diamètre ne dépasse pas la 1500me partie d'un millimètre , forment des couches vivantes de plusieurs mètres d'épaisseur.

Le savant auteur du Cosmos, Humboldt, confirme ce récit et dit aussi que la mer contient, dans son état normal, d'innombrables organismes vivants microscopiques. Mais, qui plus est, Ehremberg, portant la lumière de l'observation dans ces masses organisées et vivantes, leur a reconnu une structure interne qui rappelle celle des animaux les plus élevés.

A l'aide de très-puissants microscopes, il leur a reconnu des muscles, des yeux, des intestins, des appareils de reproduction, mâle et femelle (1).

____

(1) Voir Buckland, *Géologie et Minéralogie,* tom. I, p. 391.

Qui plus est, le savant naturaliste Balbiani a fait ce que M. Van-Beneden a fait pour les *parasites,* ce que Redi et Swammerdam avaient fait pour les *insectes ;* il a mis dans tout son jour la génération effective des *infusoires.*

On avait remarqué depuis longtemps, dans le corps des *infusoires,* deux petites masses, deux espèces de glandes, dont l'une était appelée *nucleus* et l'autre *nucléole.* Qu'était-ce que ces deux corps ? L'un, le nucleus, est *l'ovaire ;* et l'autre, le nucléole, l'organe *mâle* (1).

Donc, ajoute feu Flourens, la génération des *infusoires* est effective, complète, pareille à celle des animaux les plus parfaits ; il n'y a donc point de *génération spontanée* (2).

Toutefois, malgré tant de témoignages accablants, les partisans des *générations spontanées* sont revenus à la charge, guidés par M. le professeur Pouchet, professeur à Rouen.

L'Académie des sciences, voulant vider défini-

(1) Voir Balbiani, *Expériences communiquées à l'Académie,* 1854.
(2) Voir Flourens, *Examen du livre de M. Darwin, sur l'Origine des espèces.*

tivement cette discussion, proposa la question des générations spontanées pour un de ses prix.

M. Pasteur eut l'honneur de trancher négativement la question.

L'Académie prononça son jugement solennellement, et décerna le prix à M. Pasteur.

Malgré la parfaite exactitude des expériences qui motivèrent le jugement de l'Académie, les conclusions du rapport furent contestées, on demanda une nouvelle épreuve.

L'Académie chargea alors une commission, composée de chimistes, de physiciens et de naturalistes, de reprendre la question, de faire renouveler les expériences et de s'assurer de quel côté se trouve la vérité.

M. Pasteur recommença ses expériences sous les yeux des savants commissaires désignés par l'Académie ; ces Messieurs affirmèrent une seconde fois la parfaite exactitude des faits énoncés par l'expérimentateur ! « *dont les expériences* « *ont été faites de manière à éviter toutes les*

« *causes d'erreur qu'il semblerait possible d'ima-*
« *giner.* »

Alors, M. le professeur Milne-Edwars, rappor-
teur de la commission, conclut en ces termes :

« L'hypothèse de la production *d'êtres vivants*
« par de la matière morte, ou qui n'a jamais
« vécu, n'est pas seulement inutile pour expli-
« quer la multiplication des animalcules mi-
« croscopiques, dont les infusions se peuplent
« si souvent au contact de l'air ; elle est aussi
« en désaccord avec les faits bien constatés.
« Les êtres organisés dans l'état actuel de
« notre globe reçoivent toujours *la vie de corps*
« *déjà vivants,* et, grands ou petits, *ne naissent*
« *pas sans avoir des ancêtres* (1). »

L'Académie, ensuite de ce rapport, renouvela
son premier jugement.

Battu sur la question fondamentale des générations spontanées, le matérialisme a eu recours

---

(1) **Voir** le docteur Constantin James, *du Darwinisme ou l'Homme
singe,* **réfutation** très-remarquable du système de Darwin.

à une nouvelle hypothèse, qui ne résiste pas
au plus simple examen.

M. le docteur Büchner, son école et la plupart
des matérialistes disent ingénûment qu'on pourrait supposer que les germes de tous les êtres
vivants existent de toute éternité et ont attendu,
pour se développer, la production des circonstances favorables.

Ce serait là revenir à la vieille idée de la
préexistence des germes, due à Leibnitz, qui fut
un infatigable inventeur d'expédients en philosophie. Mais l'histoire des métis (nés de deux
sujets d'espèces différentes, mais du même
genre), qui ne dépassent jamais la quatrième
génération, où ils reviennent inévitablement à
l'espèce qui a eu la prépondérance dans la génération, suffirait pour faire rejeter cette suppo-
sition de la préexistence des germes ; les
notions précises que nous fournit la géologie
sur l'état primitif du globe terrestre, réduisent
sans appel cette hypothèse à néant.

Il n'est pas permis, en effet, d'ignorer aujour-
d'hui que notre globe, que la terre que nous

habitons, que couvre une végétation riche et variée, que peuplent d'innombrables animaux, que l'homme féconde de ses sueurs, qu'il couvre des œuvres de ses bras et de son génie ; on ne peut pas mettre en doute, dis-je, que, comme l'admettent tous les géologistes, notre petite planète n'ait commencé par être une *nébuleuse*, et plus tard un immense brasier de matières minérales, liquides, en état d'incandescence.

« Tout, en effet, s'accorde à nous présenter
« les matériaux constitutifs du globe comme
« dans un état fluide, et la chaleur comme la
« cause qui les y maintenait. La forme actuelle
« de la terre est, en effet, celle d'un sphéroïde
« aplati, comprimé aux pôles et dilaté à l'équa-
« teur, celle en un mot que prendrait une masse
« liquide en rotation autour d'un axe. En outre,
« le fait que le plus petit diamètre coïncide avec
« l'axe actuel de rotation, prouve que cet axe
« n'a pas changé depuis que la croûte du globe
« a pris la forme solide qu'elle a conservé jus-
« qu'à ce jour.

« En supposant que tous les matériaux du
« globe ont été primitivement maintenus dans

« un état fluide et même nébulaire par l'action
« d'une chaleur intense, la première consolida-
« tion qui ait eu lieu a dû être amenée par le
« rayonnement du calorique de la surface à
« travers l'espace (1). »

La certitude de cette incandescence générale,
dont la durée est inappréciable, exclut d'une
manière absolue toute idée de préexistence de
germes quelconques.

Voilà donc, sur la *force créatrice* inhérente
à la matière, deux hypothèses essentielles invo-
quées en témoignage par le matérialisme, dont
il n'est plus permis de parler sérieusement.

Ainsi, il est prouvé qu'en histoire naturelle,
il n'y a que deux origines possibles : la *génération spontanée* ou la *main de Dieu !*

Or, l'Académie des sciences a rendu son arrêt
en ces termes :

« La génération spontanée n'est pas. »

---

(1) Voir Buckland , *la Géologie et la Théologie naturelle, dans
les rapports avec la Minéralogie*, tom. Ier, p. 31.

Il ne reste donc que la main de Dieu !

Mais, dit Flourens :

« Dès qu'on remonte à la main de Dieu, tout
« change. Ce n'est plus une vaine nature, une
« nature personnifiée et que chacun personnifie
« comme il lui plaît, que l'on a devant soi ; mais
« un art, un grand art. On passe des systèmes
« puérils des hommes à la réalité des choses ;
« et, dès qu'on en est là, on voit bien vite ce
« que l'on sait, ce que l'on peut savoir, ce qu'on
« ignore, il n'y a plus d'illusion possible (1). »

Répétons donc, avec M. le Secrétaire perpétuel de l'Académie des sciences :

« La génération spontanée n'est qu'une chi-
« mère (2). »

J'espère pouvoir en dire autant du Darwinisme, que je me propose d'étudier ci-après, et qui est une des trois branches des sciences naturelles sur lesquelles le *matérialisme* prétend pouvoir fonder sa doctrine.

---

(1) Voir Flourens, *Examen du livre de M. Darwin, l'Origine des espèces*, p. 68.
(2) Idem, p. 163.

X

DARWINISME

Le Darwinisme, système aujourd'hui célèbre et bruyamment vanté, nous est connu par l'ouvrage de M. Darwin : *l'Origine des espèces,* qui parut pour la première fois en 1859, et qui, traduit de nouveau sur la sixième édition anglaise par M. Barbier, a été réimprimé à Paris, en 1876.

Cet ouvrage considérable est la reproduction longuement et savamment développée de l'idée émise déjà, en 1809, par Lamarck, dans sa *Philosophie géologique,* où ce naturaliste dit :

« Que toutes les espèces animales, l'homme « compris, descendent d'autres espèces. »

Mais cette opinion de Lamarck, un instant populaire en raison des idées philosophiques auxquelles elle donnait appui, ne put se maintenir en un honneur durable dans la science, et fut bientôt abandonnée par les savants.

Le Darwinisme repose sur le principe de la *transformation* des espèces, soit sur la création de *nouvelles espèces,* à l'aide des variétés les plus utiles.

Comme moyen d'arriver, au milieu des innombrables variétés animales ou végétales, à celles qui sont les plus aptes à former de *nouvelles espèces,* M. Darwin imagine ce qu'il nomme la *sélection naturelle* et *la lutte pour l'existence.*

Comme couronnement de son œuvre, M. Darwin nous conduit, par une lente évolution et un continuel perfectionnement des espèces animales, jusqu'à la race simienne ; là, à l'entendre, s'opère la plus merveilleuse des transformations, et, aux applaudissements de toute l'école matérialiste, M. Haëckel, qui est en Allemagne le représentant le plus ardent de la doctrine transformiste, nous apprend l'apparition de l'Homme, le roi de la création, dit-il, et nous le montre :

« Comme issu de l'embranchement des ver-
« tébrés, de la sous-classe des placentaires, de
« l'ordre des singes (1). »

(1) Voir Chauffard, p. 492, soit Haëckel au huitième Congrès des naturalistes Allemands.

De la sorte, l'Homme, d'après ces Messieurs,
a l'honneur de descendre en ligne directe de la
race simienne et d'être un *singe transformé !*

Œuvre d'une imagination féconde et brillante,
soutenue par une érudition immense, mais doctrine purement hypothétique et dénuée de preuves expérimentales ; création savante, mais fondée sur l'erreur, le système de Darwin ne serait
pas pris au sérieux, s'il ne se présentait, au nom
de la science, comme un auxiliaire précieux de
l'opinion matérialiste ; aussi le Darwinisme a-t-il
été salué par les acclamations enthousiastes de
la presse qui soutient cette doctrine.

M. le docteur Büchner déclare même « qu'il
« ne se doutait pas que la science viendrait si
« vite confirmer ses conjectures (1). »

M. Martins, rendant compte de l'ouvrage de
M. Haëckel : *Création du monde,* s'écrie à son
tour :

« Le Darwinisme sera un jour la loi souve-

---

(1) Voir Büchner, *Science et nature.*

« raine et universellement acceptée de la science
« des êtres organisés (1). »

Comme il est facile de le reconnaître, nous
sommes ici en présence de deux courants d'idées
bien différents.

L'un prend sa source dans le pur matérialisme, qui réduit tout à la matière et à ses forces,
repousse toute action extérieure transcendante,
ne voit partout que des faits et des lois, et n'admet d'autre loi que la nécessité ou, pour mieux
dire, l'aveugle hasard.

L'autre courant s'inspire du sublime spiritualisme, voit partout l'action d'une intelligence
suprême, créatrice et directrice, et partout reconnaît la main toute-puissante de DIEU !

Quel que soit l'engouement dont le Darwinisme est l'objet, sans me laisser intimider par
tant de bruit ; m'inspirant de l'opinion et des
jugements des naturalistes les plus éminents, je
me propose d'examiner, aussi sommairement

---

(1) Voir Martins, soit *Revue des Deux-Mondes*, 1875.

qu'il me sera possible, ce système si étrange, et de l'étudier dans son principe fondamental, dans ses agents et dans ses conséquences. J'espère que je pourrai parvenir à démontrer que le Darwinisme, vu de près, se réduit à une vaine hypothèse.

Transformation des espèces, soit *mutabilité,* tel est le principe sur lequel M. Darwin prétend fonder son système.

La voix des siècles, celle de la pléiade des plus grands naturalistes du monde, lui opposent le principe de la *fixité des espèces,* conformément au plan général établi par la toute-puissance de Dieu créateur, législateur, conservateur, providence de l'univers.

D'ailleurs, dans une question de faits comme celle dont il s'agit, c'est par des faits que l'on doit justifier son opinion et non par de simples affirmations.

Or, la véritable science naturelle, remontant jusqu'à Aristote, savant de l'antiquité, dont la classification diffère très-peu de celles des plus grands maîtres modernes, nous montre la *fixité,* l'*immutabilité des espèces*, sans la moindre variation depuis la création du monde, comme un dogme scientifique généralement admis, prouvé et respecté. Quant à l'hypothèse de la *mutabilité,* de la *transformation* à l'appui de laquelle Darwin et ses partisans n'apportent pas un fait quelconque : « Elle ne se légitime, dit « M. Faivre, professeur à la Faculté de Lyon, « ni par son principe qui est une conjecture, ni « par ses déductions, que ne confirme point la « réalité, ni par ses démonstrations diverses, « qui sont à peine des vraisemblances, ni par « ses deux conséquences extrêmes, que la « science aussi bien que la dignité humaine « nous défendent d'accepter : soit la génération « spontanée, la parenté intime et dégradante de « l'homme avec la brute (1). »

Je crois devoir citer encore à l'appui du principe de la *fixité* immuable des espèces, l'avis de l'immortel Cuvier, dont l'autorité scientifique ne peut être contestée.

---

(1) **Voir Ernest Faivre**, *Considérations sur la variabilité de l'espèce ;* Lyon, 1864.

« J'ai examiné, dit ce savant naturaliste, avec
« le plus grand soin les figures d'animaux et
« d'oiseaux gravées sur les nombreux obélisques
« venus d'Égypte dans l'ancienne Rome ; toutes
« ces figures sont pour l'ensemble, qui seul
« peut être l'objet de l'attention des artistes,
« d'une ressemblance parfaite avec les espèces
« telles que nous les voyons aujourd'hui.

« Mon savant collègue, M. Geoffroy Saint-
« Hilaire, pénétré de l'importance de cette
« recherche, a eu soin de recueillir dans les
« tombeaux et dans les temples de la haute et
« basse Égypte, le plus qu'il a pu de momies
« d'animaux. Il a rapporté des chats, des ibis,
« des oiseaux de proie, des chiens, des singes,
« des crocodiles, une tête de bœuf, embaumés ;
« et l'on n'aperçoit certainement pas plus de
« différence entre ces êtres et ceux que nous
« voyons, qu'entre les momies humaines et les
« squelettes d'hommes d'aujourd'hui.

« Je sais bien que je ne cite là que des individus
« de deux ou trois mille ans ; mais c'est toujours
« remonter aussi haut que possible (1). »

(1) Voir Cuvier, *Discours sur les Révolutions du Globe.* p. 131.

Le Darwinisme objecte, à l'appui de son principe de la mutabilité, que les races actuelles pourraient n'être que des modifications de ces races anciennes que l'on trouve parmi les fossiles, modifications qui auraient été produites par les circonstances locales et le changement de climat, et portées à cette extrême différence par la longue succession des années.

Mais Cuvier répond :

« Si les espèces ont changé par degrés, on
« devrait trouver des traces de ces modifications
« graduelles, et jusqu'à présent cela n'est pas
« arrivé (1).

« Il n'y a donc dans les faits connus, rien qui
« puisse appuyer le moins du monde, l'opinion
« que les genres nouveaux que j'ai découverts
« ou établis parmi les fossiles, non plus que
« ceux qui l'ont été par d'autres naturalistes, tels
« que les *Palœothériums*, les *Anaplathériums*,
« les *Megalonix*, les *Mastodontes*, les *Ptéro-*
« *dactyles*, les *Icthiosaures*, etc., aient pu être
« les souches de quelques-uns des animaux

____

(1) Voir Cuvier, *Discours*, p. 122.

« d'aujourd'hui, lesquels n'en différeraient que
« par l'influence du temps ou du climat (1). »

En lisant avec attention le volume de l'*Origine
des espèces,* ouvrage plein de détails intéressants,
exposés avec grand art, on reconnaît facilement
d'où part l'erreur sur laquelle repose le Darwinisme ; il devient bientôt évident que M. Darwin
place l'origine des espèces, tant végétales qu'animales, là où elle n'est pas ; il la cherche dans la
transformation des variétés, tandis qu'il est
constant et prouvé à l'évidence, que la variété
ne sort jamais de l'espèce à laquelle elle appartient, et ne devient jamais *espèce nouvelle.*

Ainsi on lit, page 45 du livre l'*Origine des
espèces* de M. Darwin :

« Je ne discuterai pas ici les différentes défi-
« nitions que l'on a données du mot *espèce.*
« Aucune de ces définitions n'a complètement
« satisfait tous les naturalistes; jusqu'à présent
« on n'a pas pu trouver une ligne de démarcation
« entre les espèces et les sous-espèces. »

---

(1) Voir Cuvier, *Discours*, p. 152.

Puis l'auteur, s'égarant de plus en plus, ajoute, page 57 :

« Je crois que des variétés un peu plus pro-
« noncées, un peu plus persistantes, conduisent
« à d'autres variétés plus prononcées et plus
« persistantes encore ; ces dernières ramènent
« la sous-espèce, puis enfin l'espèce ; on peut
« donc dire qu'une variété fortement accusée
« est le commencement d'*une espèce*. »

Là est l'erreur fondamentale de tout le système ! A cette *mutabilité incessante*, la vraie
science oppose la *fixité immuable*.

Il ne s'agit pas tant, en effet, de la définition
du mot *espèce*, que de chercher le véritable et
incontestable caractère distinctif de l'espèce elle-
même ; c'est ce que ne fait pas Darwin ; aussi
il s'égare et se perd dans une immensité de
détails inutiles, sur la *variabilité ;* ce naturaliste
distingué ne prend pas garde que les variétés
que peuvent donner les diverses espèces sont
innombrables, à ce point que Linnée disait :

« Il y a autant de variétés que de végétaux

« différents produits par la semence ou la graine
« d'une même plante. »

Darwin ne veut pas reconnaitre que, quel que
soit le nombre des variétés, elles ne s'écartent
jamais de leur espèce d'origine.

Or, comme le démontre Flourens avec une
lucidité irrésistible, d'accord en cela avec les
plus célèbres naturalistes, le seul caractère
essentiel de l'espèce est la *Fécondité* qui s'étend
à toutes les variétés, quelques nombreuses
qu'elles soient.

Quant à la fécondité entre deux espèces d'un
même genre, elle est exceptionnelle, elle est
l'œuvre de l'homme et de ses efforts pour triom-
pher de la résistance que ces individus opposent
à leur accouplement, et quand il est fécond, ce
qui est rare, le produit est un *métis,* qui ne
dépasse jamais la quatrième génération sans
revenir à l'une ou l'autre des deux espèces qui
se sont exceptionnellement unies.

Aussi Buffon a dit avec raison :

« L'union des animaux d'espèces différentes

« est le seul moyen de reconnaître leur *pa-*
« *renté* (1). »

Enfin, M. Flourens conclut son chapitre sur
l'*Hybridation* par ces mots :

« Ou les *métis* nés de l'union de deux espèces
« distinctes s'unissent entre eux, et ils sont
« bientôt stériles; ou ils s'unissent à l'une des
« deux tiges primitives, et ils reviennent bientôt
« à cette tige; ils ne deviennent dans aucun cas
« *une espèce nouvelle,* c'est-à-dire, *une espèce*
« *intermédiaire* (2). »

Je termine ce que j'avais à dire sur le principe
de la transformation des espèces, en rappelant
ici ces mots de feu le professeur Flourens,
empreints d'un esprit philosophique si élevé :

« Il est peu d'esprits assez fermes pour
« contempler d'un œil assuré l'inébranlable
« fixité des espèces et cette éternelle immobilité
« des êtres qui les fait se succéder d'un cours
« régulier et toujours également distincts, éga-

---

(1) Voir Buffon, supplément, article *Mulet.*
(2) Voir Flourens, *Examen du livre de M. Darwin,* p. 117.

« lement séparés, à une égale distance les uns
« des autres. C'est là le grand spectacle et le
« grand côté des choses ; les petites variations
« plus à notre portée nous absorbent ; les petits
« phénomènes nous font oublier les grands (1). »

Il est donc bien évident ; la transformation, la
mutabilité des espèces tant végétales qu'animales
est une hypothèse erronée, contraire à tous
les principes qui forment le fondement le plus
solide de l'Histoire naturelle, et que condamne
l'observation la plus scrupuleuse ; mais une fois
engagé dans cette voie, l'esprit inventif de Darwin ne s'arrête pas, et, pour rendre sa théorie
possible, il a recours à deux agents, fruits de
son imagination féconde, savoir : la *sélection
naturelle* et la *concurrence vitale ;* puis, don-
nant cours à cette erreur nouvelle, M. Darwin
ajoute :

« L'élection naturelle *scrute* journellement à
« toute heure et à travers le monde entier chaque
« variation même la plus imperceptible pour
« rejeter ce qui est mauvais, conserver et ajouter

____

(1) Voir Flourens, *Examen du livre de M. Darwin*, p. 48.

« tout ce qui est bon ; elle *travaille* ainsi insensi-
« blement et en silence, partout et toujours, dès
« que l'opportunité s'en présente, au *perfection-*
« *nement* de chaque être organisé (1). »

Comme on le voit, M. Darwin personnifie la
nature ; c'est revenir à une vieille erreur depuis
longtemps abandonnée. La nature *scrute*, la
nature *travaille,* elle s'occupe de *perfectionner*
ces êtres organisés ! Mais ce naturaliste ingénieux
ne s'en tient pas là ; il donne à la nature un
pouvoir pareil à celui de l'homme, et frappé
par les merveilleux perfectionnements obtenus
sous ses yeux par les éleveurs anglais en mettant à profit la propriété que possède chaque
espèce animale de donner des variétés presque
à l'infini, d'où ils tirent des races choisies,
M. Darwin, sans être arrêté par la considération
que toutes ces variétés ne portent que sur des
modifications extérieures, sans qu'elles perdent
jamais le *caractère fondamental de la fécondité*
qui distingue, comme je l'ai dit, les espèces
entre elles, et qui n'en dévient jamais, il attribue

---

(1) Voir Darwin, l'*Origine des espèces.*

à la nature le pouvoir de l'homme, sans réfléchir que l'homme est éclairé dans ses choix par le flambeau divin de l'intelligence, tandis que la nature, quelque admirables que soient ses œuvres, est aveugle ; que la régularité est son essence, et qu'elle suit, sans pouvoir s'en écarter, les lois qui lui ont été tracées par le Créateur.

Là est l'erreur capitale du matérialisme dont M. Darwin est un puissant auxiliaire ; aussi le professeur Büchner dit-il, comme je l'ai déjà rappelé :

« C'est l'énergie des éléments et des forces de
« la matière qui, dans leur rencontre fatale et
« accidentelle, a dû donner naissance à d'innom-
« brables formes, lesquelles devaient se limiter
« mutuellement, et par suite du frottement et de
« l'action réciproque, s'adapter les unes aux
« autres, comme si elles étaient faites l'une pour
« l'autre (1). »

Étrange contre-sens ; les forces de la matière sont puissantes sans doute, mais leur action est

---

(1) Voir **Büchner**, *Science et Nature.*

fixe, déterminée, invariable ; livrées à elles-mêmes, ces forces sont dans l'impuissance de produire une œuvre quelconque.

Tout ouvrage, quelque simple qu'il soit, ne peut être accompli si préalablement une intelligence directrice n'en a conçu le plan, n'a combiné les moyens d'exécution, n'a prévu l'utilité qu'elle pouvait tirer *des forces mêmes de la matière* pour atteindre un but déterminé et arrêté d'avance ; sans une direction fort intelligente, ces forces livrées à elles-mêmes deviendraient une cause incessante des plus grands dangers.

La transformation des espèces, base et fondement du système de M. Darwin, n'étant qu'une utopie, la sélection naturelle et la concurrence vitale, œuvres d'une imagination au dépourvu, deviennent d'inutiles hypothèses.

Il me reste à démontrer que la conclusion du système de M. Darwin, qui, de transformations en transformations, abaisse l'homme au point d'en faire un *singe transformé*, est aussi erronée qu'injurieuse pour ce Roi de la création, pour ce

prodige (1) exceptionnel entre tous les êtres,
qui porte sur son front élevé un reflet de la
Divinité.

C'est ici qu'apparaît dans tout son jour,
comme j'espère le démontrer, l'aberration du
matérialisme qui ose nier Dieu, le monde supérieur des esprits, et tout surnaturel, pour ne
voir dans l'immense et admirable gouvernement
de l'Univers que *force et matière.*

L'homme existe, il vit, il pense !

Comme la matière inerte, il existe ; il vit comme
tous les êtres que pénètre le principe vital ; mais
seul il pense, seul il possède une âme spirituelle
à laquelle appartient l'intelligence, la raison, la
pensée !

Par la pensée, l'homme se distingue de tous
les êtres existants ; la pensée le fait en réalité
roi de la création. La pensée rend l'homme semblable à Dieu, car, comme Dieu lui-même, à
l'aide de la pensée, l'homme est partout ; il

---

(1) Voir Bossuet, *Sermon sur la mort et l'immortalité,* second point.

embrasse la terre entière, se transporte d'un pôle à l'autre, s'élève dans les cieux, en mesure l'immensité. Par la pensée, expression de sa raison intelligente, l'homme découvre les lois qui maintiennent en parfait équilibre, et règlent la marche incessante des globes énormes, innombrables, suspendus sur sa tête. Seul l'homme conçoit Dieu ; seul il jouit de la liberté qui fait sa dignité ; seul l'homme possède le sens moral ; seul il connaît le bien et le mal ; seul il est capable de mérite et de démérite. A l'homme seul Dieu a réservé l'immortalité ; et le matérialisme voudrait nous prouver que *l'homme est un singe transformé !*

Quelques graves que soient ces considérations puisées dans l'ordre moral, elles seraient loin de suffire pour contrebalancer la faveur dont jouit dans la nombreuse école matérialiste, la prétendue origine simienne de l'homme. En effet, M. l'académicien Littré affirme avec son autorité de stoïcien rigide que :

« L'âme est un être immatériel supposé ; en
« vérité, c'est l'ensemble des fonctions du cer-
« veau et de la moëlle épinière ; les anciens attri-

« buts intellectuels ne sont plus que des propriétés
« inhérentes à la matière (1). »

Le docteur Büchner dit à son tour, comme
nous l'avons vu :

« L'âme n'est qu'une simple fonction de l'orga-
« nisation (2). »

A quoi M. le sénateur romain, M. Moleschott,
ajoute :

« La *pensée*, n'est qu'un mouvement de la
« matière (3). »

C'est donc sur le terrain des faits matériels
qu'il faut appeler le Darwinisme à fournir la
preuve, ou une semi-preuve quelconque de ses
assertions ; c'est en le mettant en demeure de
produire des échantillons, quels qu'ils soient, de
formes intermédiaires entre le sujet même le
plus élevé, dans la famille des singes, et l'homme ;
c'est en indiquant le moindre spécimen, prou-
vant un travail de transition, un commencement

---

(1) Voir Littré, article *Ame*, Dictionnaire de Nysten réformé.
(2) Voir Janet, *le Matérialisme contemporain*, p. 31.
(3) Voir Janet, *le Matérialisme contemporain*, p. 33.

de transformation du singe à l'homme, que ses partisans doivent prouver une doctrine aussi dégradante que celle qui ose affirmer que :

« L'Homme n'est qu'un singe perfection-
« né (1). »

C'est inutilement que la science nouvelle a fait de minutieuses recherches, qu'elle s'est livrée aux fouilles les plus scrupuleuses ; chacune des deux espèces est restée fixe, immuable dans ses caractères distinctifs. Les tombeaux ont été ouverts et scrutés ; les momies ont été extraites des sarcophages égyptiens, où elles étaient renfermées depuis plus de trente siècles ; elles ont été soumises à l'examen comparatif le plus savant, le plus scrupuleux ; toujours les naturalistes, ayant le célèbre Cuvier à leur tête, ont reconnu la plus parfaite identité dans ces ossements humains, comparés à ceux des squelettes de l'époque la plus récente.

Le matérialisme, poussé ainsi dans ses derniers retranchements, a opposé que la transfor-

______

(1) **Voir** *la Libre-Pensée,* 1ᵉʳ novembre 1866.

mation des grands singes anthropoïdes remontait
à une époque qui avait précédé les temps his-
toriques, et que les traces en étaient perdues ;
mais les recherches persévérantes des géologistes sont parvenues à trouver, dans les profon-
deurs de l'écorce du globe, quelques ossements
humains remontant aux temps pré-historiques ;
et l'examen le plus sérieux de ces pièces anatomiques est venu déposer ouvertement en
faveur du principe de *l'immuable fixité de l'espèce humaine.*

Voici quelques pièces de squelettes humains,
découvertes depuis peu d'années, que la paléon-
tologie nous fournit comme preuves contraires
à la prétendue origine simienne de l'homme.
Comme on le verra, ces débris humains, extraits
des couches profondes de la terre, remontent
tous aux temps primitifs du monde ; tous con-
firment la croyance universelle que l'homme est
l'œuvre de Dieu, qu'il est aujourd'hui dans son
organisation corporelle, tel qu'il est sorti de la
main du Créateur divin. Cette permanence de
structure, sans modification quelconque, est une

preuve nouvelle de la vérité du récit de Moïse, qui dit :

« Dieu a créé l'Homme à son image ; il l'a « créé à l'image de Dieu ; il l'a créé Homme et « Femme (1). »

Les ossements dont je vais parler sont assez nombreux ; ils ont appartenu à bon nombre d'hommes différents. Il n'est pas toujours facile de déterminer d'une manière certaine l'âge des gisements d'où ils ont été retirés ; tous, cependant, remontent à une antiquité très-reculée de l'âge du monde.

1° *Crâne d'Engis*, découvert en 1833 par M. le professeur Schermeling, à côté d'ossements d'éléphants, de rhinocéros, d'ours, d'hyènes et d'autres animaux éteints.

Cette découverte donna lieu d'abord à de vives discussions. Comme ce crâne présentait un front déprimé, on crut, au premier abord, que c'était là le représentant d'une famille d'hommes très-bas

---

(1) **Voir** *Genèse,* chap. 1ᵉʳ, verset 27.

placés dans l'échelle de l'intelligence, et qu'on tenait un spécimen du passage du singe à l'homme.

Mais cette opinion fut bientôt abandonnée, quand on eut moulé le crâne et examiné de plus près. M. le professeur Huxelay, appelé à le vérifier, déclara que :

« Les dimensions de ce crâne correspondent
« assez bien à celles de quelques crânes euro-
« péens. Il n'y a, ajoute le professeur, aucun
« signe de dégradation dans aucune des parties
« de sa structure. »

2° *Crâne de Néanderthal ;* ce crâne fut découvert en 1856, près d'Elberfeld. On s'est beaucoup appuyé sur la mauvaise construction de ce crâne, pour y trouver l'origine simienne de l'homme ; mais le professeur Schaffausen, rendant compte, au congrès scientifique tenu à Bonn, de l'examen qu'il en a fait, déclare que :

« Le crâne de Néanderthald ne s'écarte pas
« du type moyen, et n'indique nullement une
« transition entre le singe et l'homme. »

Pour prouver son assertion, le docteur Schaffausen procéda à l'examen comparatif du crâne de Néanderthal avec celui d'un très-grand gorille. La capacité du crâne de cet énorme singe ne dépassa pas 539 centimètres cubes, tandis que le crâne de Néanderthal donna 1220 centimètres cubes.

3° *Hommes de Cro-Magnan* (Dordogne).

M. Lortet découvrit, en 1868, sept squelettes fossiles, en exécutant des fouilles très-profondes dans un terrain de l'époque du mammouth; M. le professeur Broca, rendant compte à la Société d'anthropologie de l'examen qu'il a fait de ces sept squelettes, dit :

« Qu'ils ont appartenu à une race qui attei-
« gnait les degrés les plus élevés et les plus
« nobles de la morphologie humaine. »

4° *Crânes de Bruniquel.* Deux crânes préhistoriques ont été trouvés par le docteur Brun à Bruniquel (Tarn-et-Garonne); l'un est le crâne d'un vieillard, l'autre celui d'un jeune homme; chez tous les deux l'angle facial ne diffère en

rien de celui des hommes qui habitent aujour-
d'hui ces contrées.

5° *Crânes de Salestri.* Ces crânes, trouvés dans
un terrain très-profond, appartenant à l'époque
des mammouth, ne diffèrent en rien d'essentiel
du type actuel (1).

Mais la pièce anatomique la plus remarquable
que la science possède comme preuve certaine
de la *fixité* constante, invariable de l'espèce
humaine, est sans contredit l'*Homme fossile*,
dont le squelette a été découvert le 26 mars 1872,
par M. Rivière, dans la caverne de Cavillon
près de Menton (rivière de Gênes).

Ce squelette fut trouvé à 6 mètres 55 centimètres au-dessous du premier niveau de la
caverne; il est déposé au musée anatomique du
Jardin-des-Plantes, à Paris, et précieusement
conservé sous glace; il est dans un état de
parfaite conservation, couché sur la roche qui lui
servait de lit; il repose sur le côté gauche, la
tête appuyée sur le bras ramené vers la poitrine,

---

(1) Voir Pozzi, de *l'Origine simienne de l'Homme*, Paris, 1875.

les deux fémurs repliés ; tous les osselets des
pieds et des mains sont parfaitement intacts ;
l'homme dont c'est là le squelette paraît être
mort asphyxié pendant le sommeil et sans avoir
fait le moindre mouvement ; sa taille est de
1 mètre 80 centimètres ; le crâne rappelle un
très-beau type d'homme.

M. Rivière est parvenu à le rapporter à Paris
dans la même position où il l'a découvert et sur
la même roche enlevée avec grand soin. Tout
autour du squelette se trouvaient une mâchoire
de *rhinocéros tichorinus,* des ossements brisés
et incinérés d'*ursus speleus,* de *felis spelea,* etc.
On a recueilli aussi près de lui un grand nombre
d'instruments, dont aucun n'appartenait à *l'époque de la pierre polie* (1).

Ce squelette remonte donc à la première époque
de la pierre.

Quand on examine le crâne de ce troglodyte,
de cet homme dont l'existence anté-diluvienne
ne peut pas être mise en doute ; quand on

_____

(1) Voir le Mémoire présenté à l'Académie des sciences, le 24 juin
1872, par M. Rivière.

réfléchit que l'homme, dont c'est là la charpente osseuse, vivait longtemps avant toute manifestation sociale, on est vraiment confondu de sa parfaite ressemblance avec les plus beaux types des races humaines actuelles, et on ne peut que féliciter et remercier M. Rivière de sa précieuse découverte, qui fournit à la science le plus puissant argument à opposer aux *Darwinistes*, qui croient pouvoir soutenir encore que :

L'Homme est un singe transformé.

Il ne sera pas inutile de rappeler encore à l'appui de l'origine divine de l'homme et de la fixité de notre espèce humaine, l'opinion formulée par le savant Blumenbach, vrai créateur de l'anthropologie, et restaurateur de l'unité du genre humain.

Blumenbach, né à Gotha, est mort en 1840; il était un des huit associés étrangers de l'Académie des sciences de Paris.

Flourens, secrétaire perpétuel de cette Académie, en prononçant son éloge, le 26 avril 1847, dit :

« Le genre humain avait oublié son unité
« première, M. Blumenbach la lui a rendue. »

Ce prince des naturalistes allemands formule
comme suit son opinion sur l'homme :

« Un intervalle profond, sans *liaison*, sans
« *passage*, sépare l'*espèce humaine* de toutes
« les autres *espèces*.
« Aucune autre *espèce* n'est voisine de l'*espèce*
« *humaine*, aucun *genre* même, aucune
famille (1). »

A cette opinion de Blumenbach, je joindrai
celle du célèbre de Humboldt, qui s'exprime
comme suit :

« Les races humaines sont les formes *d'une*
« *espèce unique*, qui s'accouplent en *restant*
« *fécondes* et se perpétuent par la génération.
« Ce ne sont pas les *espèces d'un genre*, car si
« elles l'étaient, en se croisant, elles *devien-*
« *draient stériles* (2). »

---

(1) Flourens, *Eloges*, t. 1er.
(2) Voir de Humboldt. *Cosmos*, t. 1er, p. 425.

Pour mettre fin à ce que j'avais à dire sur le système de Darwin et montrer la répulsion qu'inspire sa doctrine du transformisme, je crois ne pouvoir mieux faire que de citer les paroles d'un juge aussi éclairé que juste appréciateur de la vérité :

« Le système de la transformation des espèces,
« dit M. Guizot, n'est pas moins repoussé par la
« science, que par les instincts du bon sens...

« L'homme n'est pas un singe transformé et
« perfectionné par une transformation obscure
« des éléments naturels et à force de siècles ;
« cette prétendue explication de l'origine de
« l'espèce humaine n'est qu'une hypothèse, fruit
« d'une imagination facile à séduire par des
« conjectures ingénieuses que lui suggère le
« spectacle mal compris de la nature, et qu'elle
« sème à travers des évènements inconnus et
« des temps infinis, qu'elle charge de réaliser
« ses rêves.

« Fermement maintenu par MM. Cuvier,
« Flourens, Coste, Quatrefages, et tous les
« observateurs sévères des faits, le principe de
« la diversité radicale et de la permanence des

« espèces reste dominant dans la science comme
« dans la réalité (1). »

XI

ORIGINE DE LA VIE

Au nombre des six sciences qui, d'après
M. Littré, chef de l'école positiviste, constituent
tout le savoir humain, cet Académicien place la
Biologie ou science de la vie ; cela devait être.
M. le docteur Littré sait mieux que personne
quelle est, pour l'avenir du positivisme et du
matérialisme, l'importance du grand problème
de l'*Origine de la vie.*

Comme je l'ai dit, positivistes et matérialistes
reconnaissent avec le docteur Büchner que tout
dans la nature se réduit à :

La matière et à ses forces.

---

(1) Voir Guizot ; *Méditations sur la religion chrétienne,* p. 21.

Aux yeux de ces deux écoles, il est constant que :

La vie n'est qu'une résultante.

Et comme d'ailleurs positivisme et matérialisme se vantent d'être l'expression de la science, il était tout naturel de placer au nombre des sciences la Biologie.

C'est donc à elle qu'il appartient de prononcer en dernier ressort, dans un si grave débat.

Générations spontanées, *transformation des espèces, origine de la vie,* sont trois branches de l'Histoire naturelle qui se confondent en une seule, soit la *Biologie,* c'est à elle que le matérialisme croit pouvoir se rattacher quand il soutient qu'il est l'expression de la science.

Il est donc le cas d'en appeler à la biologie et de lui poser ces questions :

D'où vient la vie? Comment la matière inerte, inorganique, soumise uniquement aux lois de la physique et de la chimie, devient-elle organique? Comment passe-t-elle à l'état *d'être vivant ?*

La biologie, qui doit résoudre ce *desideratum*, se rattache à la physiologie, mais à la vérité on peut la considérer comme une science nouvelle.

Le célèbre Bichat, mort fort jeune, hélas! en 1802, en a jeté les bases dans son très-remarquable *Traité d'anatomie générale*. Ce physiologiste éminent, dont la réputation n'a pas vieilli, ne lui donne pas encore ce nom de *biologie* aujourd'hui si retentissant; ce savant, loin de partager les opinions matérialistes devenues si générales depuis lui, n'aborde pas encore la question de l'origine de la vie; il dit même au commencement de ses *Recherches physiologiques sur la vie et la mort*, ces mots :

« La génération n'entre pas dans la série des « phénomènes des deux vies animale et orga- « nique, et pour préciser sa pensée, Bichat « déclare que :

« Il est trop consolant de croire à cet être, « l'*âme,* pour que le physiologiste mette en « doute son existence (1). »

---

(1) Voir Bichat, *Recherches sur la vie et la mort.*

Magendie, qui professait la physiologie avec grande distinction en 1820, en a fait une science expérimentale ; c'est de ce savant professeur que date en réalité la biologie ; pour Magendie :

« La vie n'est qu'un mot vide qu'il faut oublier,
« en face d'un organisme vivant ! (1) »

Feu Claude Bernard, disciple et successeur de Magendie, a élevé la biologie au rang de science exacte ; il lui a fait faire les progrès les plus remarquables. Il fait reposer cette branche de la physiologie uniquement sur la méthode expérimentale et sur les faits constatés expérimentalement.

Le livre de Claude Bernard : *Introduction à l'étude de la méthode expérimentale*, a pour but principal d'établir que : « pour l'expérimentateur
« il ne saurait y avoir ni *spiritualisme* ni *maté-*
« *rialisme*. Il n'y a pour nous, dit-il, que des
« phénomènes à établir, les conditions matérielles
« de leurs manifestations à connaître et les lois

---

(1) **Voir** Chauffard, *la Vie*, p. 137.

« de ces manifestations à déterminer (1). »

Ce grand expérimentateur s'efforce ainsi, pour être plus libre dans ses recherches, de distinguer, de séparer le *principe vital*, la *cause déterminante* des phénomènes, qui est de l'ordre spirituel, des *faits matériels* qui ont lieu sous l'action des *causes physico-chimiques.*

Ce professeur tient à tracer une ligne de démarcation tranchée entre les questions philosophiques qui appartiennent à la métaphysique et celles qui sont du ressort de la physique, soit purement corporelles.

De là le *déterminisme*, mot créé par feu Claude Bernard pour exprimer l'action et la réaction des éléments matériels soumis aux lois physicochimiques qui sont les *agents* des phénomènes organiques qu'il étudie, et dont le *moteur*, soit la cause essentielle, reste en dehors des spéculations du savant.

Mais distinguer, séparer, n'est pas nier ; Claude Bernard le dit lui-même :

(1) Claude Bernard, *Introduction à l'étude de la physiologie expérimentale*, p. 137.

« La vraie science, dit-il, ne supprime rien,
« mais elle cherche toujours, et regarde en face
« et sans se troubler les choses qu'elle ne com-
« prend pas encore. *Nier ces choses ne serait pas*
« *les supprimer, ce serait fermer les yeux et*
« *croire que la lumière n'existe pas* (1). »

« Tout corps vivant naît d'un germe, dit le
« professeur Chauffard ; *omne vivum ex ovo*. Tel
« est le caractère de la vie ; tel est le signe qui
« résume tous les autres et hors duquel la vie
« ne saurait se concevoir. La doctrine de la
« génération spontanée a essayé d'en amoindrir
« la portée en prétendant prouver que certains
« infusoires, et par conséquent *la Vie*, au moins
« sous sa forme rudimentaire, pouvait naître
« spontanément au sein des liquides organiques.

---

(1) Voir *Introduction à l'étude de la physiologie expérimentale*,
p. 390.

N.-B. — On méconnaît feu Claude Bernard, quand on en fait un matérialiste.

On a trahi la vérité quand on a dit à l'Académie qu'il est mort
rationaliste.

La vérité est, qu'arrivé au terme de la vie, notre illustre savant
« s'est réconcilié avec Dieu et a fait une fin chrétienne. »

« Je veux que la religion catholique, qui a béni mon berceau, bé-
« nisse aussi ma tombe, » a dit feu Claude Bernard à l'ecclésiastique
qui l'a assisté dans ses derniers jours et lui a administré lui-même
les derniers sacrements.   *(Note de l'Auteur.)*

« Mais ces assertions relevées et démenties par
« une science plus avancée et plus sûre, n'ont
« servi qu'à donner une force nouvelle à la
« vérité contestée, et à mettre en une plus écla-
« tante lumière cette marque suprème de tout
« être vivant et de toute vie.

« Ce caractère appartient à l'être considéré
« dans son *unité*, dans son tout organique, dans
« son évolution régulière, à *l'individu* en un
« mot.

« *L'individu naît d'un autre individu sembla-*
« *ble à lui* (1). »

Telle est l'expression exacte de la vérité ; tel
est le langage de la vraie science ; peu importe !
on conteste, on cherche et l'on cherche encore ;
il en coûte trop de renoncer à une hypothèse,
sans laquelle tout l'édifice du matérialisme
croule et s'évanouit ; aussi, semblables aux
anciens alchimistes à la recherche de la pierre
philosophale, de crédules biologues tentent de
nouveaux efforts, multiplient les expériences,
divisent, subdivisent la matière, arrivent jusqu'à

----

(1) **Voir Chauffard**, *La Vie*, p. 113.

l'*atome*, mais la *vie* ne paraît pas ! l'*affinité*, quoi qu'en dise M. Moleschott, reste l'affinité, force immanente de la matière ; elle produit des combinaisons binaires, tertiaires, quaternaires, etc., selon le corps qui est analysé, mais la *vie* ne paraît pas !

Reconnaissons donc que *la vie* est un principe *sui generis* qui, chez les corps vivants, *préside* à l'action des forces physico-chimiques et les *utilise* selon le plan tracé par le Créateur ; et tenons pour constant que ce *quid divinum,* ce principe divin qui, continuant l'œuvre de la création, fait passer la matière de l'état *inorganique* à l'état *organique,* ce principe qui appelle la matière à de remarquables développements dans les deux règnes, végétal et animal ; que cette matière, en un mot, qu'elle soit à l'état d'*ovule,* de *germe,* de *cellule,* reçoit la *vie* de la *fécondation.*

Quant à l'argument qu'on oppose à la doctrine de la fécondation, soit la vie par *segmentation* ou par *rejetons,* il n'est pas sérieux. Voici d'ailleurs, sur ce sujet, l'avis non contesté de

M. Quatrefages, savant professeur d'histoire naturelle au Jardin-des-Plantes :

« Jusqu'à nos jours, les divers modes de repro-
« duction avaient été considérés comme indé-
« pendants les uns des autres, et par suite on
« leur attribuait une importance biologiquement
« égale.

« Qu'il fût œuf, bulbille, ou bourgeon, le germe
« était pour les naturalistes quelque chose de
« primitif; l'être auquel il donnait naissance ne
« datait que de lui.

« La génération gemmipare ou par bourgeons
« était donc l'égale de la génération par œuf ;
« évidemment on se trompait; les bourgeons,
« les bulbilles, quelque apparence qu'ils revê-
« tent, ne sont que le produit plus ou moins
« médiat d'un œuf préexistant; celui-ci seul
« renfermait le germe essentiel, le *germe pri-*
« *maire* de toutes les générations qui découlent
« de lui ; par conséquent, les bourgeons ne sont
« que des *germes secondaires*, et les êtres résul-
« tant de leur développement se rattachent
« médiatement à l'œuf primitif.

« La reproduction par œuf est donc seule *fon-*

« *damentale* , c'est une fonction de *premier*
« *ordre*, la reproduction par bourgeons n'inter-
« vient plus que comme accessoire : c'est une
« *fonction subordonnée* (1). »

Entrons un peu plus avant dans le cœur de la
question.

Deux écoles tiennent aujourd'hui le sceptre de
la moderne biologie ; c'est elles par conséquent
que nous devons entendre.

L'une est l'école allemande ; elle reconnaît
pour chef le célèbre professeur Virchow, créateur
de la physiologie et de la pathologie cellulaire.

L'autre est l'école française, dirigée pendant
près d'un demi-siècle par feu le professeur
Claude Bernard , lumière de la physiologie et
grand expérimentateur.

L'une et l'autre marchent dans les voies obscu-
res de la science éclairées par le flambeau de la
méthode expérimentale.

---

(1) Voir Quatrefages, *les Métamorphoses de l'Homme et des Animaux.*

L'une et l'autre, chacune suivant son génie particulier, ont jeté sur l'organisme vivant des clartés jusque-là inconnues. Mais les conceptions, fruits de leurs travaux, sont-elles une confirmation des grandes doctrines spiritualistes sur lesquelles s'était élevée l'*idée de la vie* ? ou bien le matérialisme peut-il compter sur l'appui de la biologie ou de ses chefs pour raffermir son système chancelant ?

Un examen au moins sommaire des doctrines professées par les plus renommés représentants de cette science est nécessaire pour répondre à cette question.

De part et d'autre, on a poussé les recherches de manière à arriver jusqu'aux parties les plus élémentaires dont sont composés les tissus vivants ; on est arrivé ainsi aux éléments anatomiques, soit organiques primitifs, que le professeur Milne-Edwars nomme *organites*, et ces éléments, réduits à leur plus simple expression, ont été ramenés au type unique de la *cellule*. Alors on s'est posé naturellement les questions suivantes :

La cellule, organite primitif du corps vivant, comment naît-elle? Comment se multiplie-t-elle? D'où provient-elle? Comment et d'où reçoit-elle sa vie?

Arrivés à ce point ultime, les grands interprètes de la science biologique, jusque-là d'accord, se divisent; là, commencent les incertitudes, la confusion !

Pour plus de sûreté dans une question fondamentale si grave, je citerai les paroles mêmes des savants dont j'invoquerai le témoignage.

Voici ce qu'écrit feu le professeur Chauffard :

« A Paris, M. le professeur sénateur Robin
« (qui depuis la mort de Claude Bernard est
« censé le chef de l'Ecole biologique française),
« soutient la *génération spontanée* au sein des
« liquides albumineux ou plasmatiques fournis
« par l'organisme vivant.

« C'est la thèse matérialiste de la génération
« spontanée de l'être, non plus limitée aux êtres
« inférieurs (les infusoires), mais transportée

« dans les êtres supérieurs, dans ceux-là mêmes
« qui naissent de parents. »

« L'École allemande, dit encore Chauffard,
« repousse avec énergie cette génération spon-
« tanée de la cellule. Avec le professeur Virchow
« elle proclame toute génération spontanée une
« illusion, soit qu'on la place à l'origine de l'être,
« soit qu'on l'admette comme raison de son
« développement (1).

L'École allemande a complété le vieil axiome :
omne vivum ex ovo, par cet autre : *omnis cellula
ex cellula* (2).

De son côté, le professeur Claude Bernard
s'exprime comme suit :

« S'il fallait définir la vie d'un seul mot qui,
« en exprimant bien ma pensée, mît en relief le
« seul caractère qui, suivant moi, distingue
« nettement la science biologique, je dirai : *la
« vie, c'est la création,* de sorte que ce qui
« caractérise la machine vivante, ce n'est pas la

---

(1) Voir Chauffard, *La Vie*, Paris, 1878, p. 115, 116.
(2) Voir Virchow, *Atome et individu.*

« nature de ses propriétés chimiques, si com-
« plexes qu'elles soient, mais bien la création de
« cette machine qui se développe sous nos yeux
« dans des conditions qui lui sont propres et
« d'après *une idée* définie qui exprime la nature
« de l'être vivant et l'essence même de la vie.
« Nous distinguons aujourd'hui trois ordres de
« propriétés manifestées dans les phénomènes
« des êtres vivants : propriétés physiques, pro-
« priétés chimiques, propriétés vitales.

« La vie a son essence primitive dans la force
« de développement organique, force qui consti-
« tuait la *nature médicatrice* d'Hippocrate, et
« l'*Archeus faber* de Van-Helmont (1). »

Claude Bernard dit encore dans son rapport
sur les progrès de la physiologie :

« On aura beau analyser les phénomènes
« vitaux et en scruter les manifestations méca-
« niques et physico-chimiques avec le plus
« grand soin ; on aura beau leur appliquer les
« procédés chimiques les plus délicats, apporter

---

(1) **Voir Claude Bernard**, *Introduction à l'étude de la médecine expérimentale*, p. 161.

« dans leur observation l'exactitude la plus
« grande et l'emploi des méthodes graphiques et
« mathématiques les plus précises, on n'aboutira
« finalement qu'à faire rentrer les phénomènes
« des organismes vivants dans les lois de la
« physique et de la chimie générales, ce qui est
« juste ; mais on ne trouvera jamais ainsi les lois
« propres de la physiologie. »

D'après cet exposé sommaire des doctrines
biologiques, on peut voir déjà que le problème de l'origine de la vie, de sa nature, de
sa causalité, est encore pour quelques biologues, comme je l'ai dit, l'objet de recherches
obstinées ; mais la solution de cette question ne
paraîtra pas douteuse, si l'on cherche à pénétrer
la pensée intime des maîtres les plus accrédités
de la science biologique; on verra dans leur hésitation même qu'ils sont bien près de reconnaître que la vie n'est pas une simple résultante,
une pure combinaison des éléments de la matière,
comme le soutient Büchner (1), Moleschott et
tous les matérialistes avec eux, mais qu'elle est
un principe :

(1) **Voir Janet**, *Matérialisme contemporain*, p. 26.

Le principe vital, caractéristique du règne organique.

Voici d'abord ce que disait le célèbre Virchow dans une conférence publique à Berlin, imprimée sous le titre : *Atome et Individu :*

« Il n'y a de semblable à la *vie* que la *vie* elle-
« même ; la nature est double, la nature *organi-*
« *que* est quelque chose de tout à fait particulier,
« quelque chose de tout autre que la nature
« *inorganique* ; quoique formée par la même
« substance, par des atomes de même nature, la
« matière organique nous offre une série continue
« de phénomènes différant par leur nature même
« du monde inorganique. »

Puis le savant professeur ajoute :

« Une espèce déterminée de plantes, ne pro-
« duit que des plantes de la même espèce, et
« jamais d'une espèce différente ; l'animal ne se
« propage que dans les limites de son espèce.....
« *Le plan de l'organisation est invariable*
« *dans les limites de l'espèce ; l'espèce ne sort pas*
« *de l'espèce* (1) ! »

____

(1) Voir Chauffard, *La Vie*, p. 130.

Je citerai encore quelques mots du professeur Virchow, extraits de son ouvrage : *Atome et Individu :* tout est précieux, venant d'un savant dont l'autorité est généralement reconnue :

« L'individu, à l'apogée de son développement,
« porte en lui l'empreinte de l'unité. Quelque
« nombreuses, quelque variées que soient les
« parties, elles forment toutes une véritable
« communauté, dans laquelle chaque partie est
« en rapport avec toutes les autres et a besoin
« des autres, dans laquelle enfin aucune ne peut
« acquérir toute son importance en dehors de
« la communauté. Comme le disait Aristote, tout
« ce qui vit agit dans un but ; et ce but, ainsi
« que Kant l'a exprimé plus nettement, est un
« but intérieur ; ce qui vit se sert de but à soi-
« même..... L'individu porte en lui son but et sa
« mesure ; ainsi, à l'opposé de l'unité purement
« idéale de l'atôme, *l'individu* se montre comme
« une *unité réelle.* »

Ailleurs, dit Chauffard, M. Virchow emploie cette expression forte et juste : L'individu est *une communauté une* (1).

---

(1) Voir Chauffard, *la Vie*, p. 135.

Rien de semblable n'est applicable aux corps inorganiques.

Feu Claude Bernard, que je ne saurais citer trop souvent, dans un rapport fait à l'Académie sur la question des générations spontanées, question essentiellement biologique, s'exprimait en ces termes :

« La génération qui préside à la création or-
« ganique des êtres vivants, a été regardée à
« juste titre comme la formation la plus mys-
« térieuse de la physiologie. On a observé de
« tout temps qu'il y avait une filiation entre les
« êtres vivants, et que, pour le plus grand nom-
« bre, ils *procédaient évidemment de parents....*
« M. le Professeur Pouchet a bien voulu établir
« qu'il n'y avait pas génération spontanée de
« l'être adulte, mais génération de *son germe ;*
« cette vue me paraît inadmissible, même comme
« hypothèse ; *il faut nécessairement une in-*
« *fluence héréditaire.* »
« Pour exprimer ma pensée au sujet de la
« génération spontanée, je n'ai qu'à répéter ici ce
« que j'ai déjà dit dans un rapport que j'ai eu
« à faire sur cette question, savoir : qu'à mesure

« que nos moyens d'investigation se perfection-
« nent, on trouvera que ces cas de générations,
« qu'on regardait comme spontanées, rentrent
« dans les cas de génération physiologique or-
« dinaire. »

A quoi le chef de l'école biologique française
ajoute :

« Le corps vivant est double en quelque sorte ;
« il est *physico-chimique* dans ses conditions
« d'existence ; il est de *cause vitale* dans son
« principe, dans sa causalité propre. »

Enfin, Claude Bernard a réitéré sa profession
de foi à la croyance *de la vie* comme force
propre et *cause créatrice ;* il a nettement déclaré
que les conditions physico-chimiques des phénomènes organiques n'en contenaient pas la
cause, et que cette confusion trop commune
caractérisait « *l'erreur grossière des matérialistes* (1). »

De son côté, M. le professeur Robin, partisan
assez peu dissimulé, comme on l'a vu, du prin-

---

(1) Voir Chauffard, *la Vie*, p. 151, 160.

cipe que *la vie est une force immanente de la matière,* mais d'ailleurs savant ami de la vérité, dit lui-même, comme expression de sa pensée intime :

« Lorsque l'évolution de *l'œuf,* en tant qu'é-
« lément anatomique, est achevée; lorsque ce-
« lui-ci est devenu un organe distinct, séparable
« du lieu où il est né et apte à subir une évolu-
« tion individuelle propre, il acquiert l'aptitude
« dite : *maturité de l'œuf.*

« C'est avant et non après la fécondation qu'a
« lieu cette évolution ; une fois survenue, que
« la fécondation ait lieu ou non, les globules
« polaires se produisent, *mais rien de plus ne*
« *survient.*

« Si, au contraire, les *spermatoïdes* ont péné-
« tré dans l'œuf ; si, en se liquéfiant, ils ont
« mélangé leur substance qui est celle du mâle
« au *vitellus,* qui est celle de la femelle, celui-là
« présente une série de phénomènes ultérieurs
« (suite de la fécondation).

« Parmi eux comptent d'abord les change-
« ments dans la constitution intime des *granules*
« *du vitellus* et la production de son noyau
« central, ou *noyau vitellin.*

« *Le noyau vitellin n'apparaît que dans*
« *l'ovule fécondé*, plusieurs heures, ou même
« plus d'un jour, après la disparition de la vési-
« cule germinative, ou noyau devenu vésiculeux
« de la cellule que constituait l'ovule avant d'ar-
« river à l'état de maturité.

« Il se forme ensuite un *nucléole* dans la partie
« centrale du vitellus (organe femelle) ; ce nu-
« cléole acquiert bientôt les qualités d'un nouvel
« être, *l'embryon*, qui possède dès lors une in-
« dépendance qui lui est propre. »

M. Robin ajoute :

« Notons ici que cette acquisition d'une indi-
« vidualité nouvelle, *consécutive à la féconda-*
« *tion,* est précisément manifestée par un phé-
« nomène de genèse ou formation libre, celle du
« noyau vitellin, avec ou sans génération consé-
« cutive de son nucléole. C'est là une véritable
« génération spontanée, *mais elle a lieu seule-*
« *ment dans un milieu formé de substance or-*
« *ganisée,* en voie de nutrition, ou rénovation
« moléculaire continue, et non dans un milieu
« minéral naturel ou artificiel ; c'est là ce qui la
« distingue de *l'hétérogénie*, qui, quelles que

« soient les probabilités en sa faveur, *n'est pas*
« *encore appuyée, sous ce rapport, sur des preu-*
« *ves péremptoires* (1). »

Après ces aveux si importants, arrachés par
la vérité à des savants dont l'avis, comme chefs
des deux grandes écoles allemande et française,
est si prépondérant ; à Messieurs les biologues qui
voudraient soutenir encore que la vie est une
résultante ; qu'elle n'est rien, ainsi que l'enseigne
le professeur Moleschott, *qu'un état de la ma-*
tière fondé sur ses propriétés inaliénables, je
dirai, avec l'*Union médicale* du 3 décembre 1872 :

« Et cette cellule, le pivot actuel (selon quel-
« ques-uns), non-seulement de la philosophie,
« mais encore de la doctrine médicale, que vous
« la fassiez naitre d'un blastème ou de la pro-
« lifération d'une cellule antérieure, dès le mo-
« ment que vous la reconnaissez vivante et que
« vous lui découvrez des propriétés que ne pos-
« sède plus la cellule morte, vous n'avez fait
« que reculer jusque dans ses extrêmes limites,

----

(1) Voir *Dictionnaire encyclopédique des sciences médicales ;*
Paris 1878, article *Cellule*, Ch. Robin.

« mais toujours sans le résoudre, *l'impénétrable*
« *problème de la vie.*

« Faites-nous de toute pièce un *être vivant;*
« faites-nous *une seule cellule vivante,* et nous
« croirons alors à vos objurgations contre le
« vitalisme. »

Mais c'est en vain qu'on l'a essayé.

« De grands efforts d'expérimentations, dit
« Chauffard, ont été tentés, et tout récemment
« encore, pour prouver la génération spontanée
« de cellules au sein de liquides, tirés de l'or-
« ganisme vivant; ces efforts sont restés sté-
« riles. Nulle expérience n'a résisté au contrôle
« d'une observation sérieuse.

« Toujours il a été facile de montrer que les
« cellules à prétendue naissance spontanée pro-
« venaient de l'organisme lui-même et des cel-
« lules qui se constituaient (1). »

Quiconque voudra apprécier à leur juste valeur
les déclarations que j'ai citées ci-dessus, que je
considère comme l'expression de la pensée

---

(1) Voir Chauffard, *la Vie*, p. 115, note 2.

intime de trois célèbres professeurs, chefs avoués et reconnus des deux plus grandes écoles de biologie connues, ainsi que l'avis des savants rédacteurs de l'*Union médicale*, reconnaîtra que le verdict de ces célébrités se traduit par ces mots :

Sans fécondation, point de vie !

La fécondation a donc la puissance de transformer la matière brute, inerte, *inorganique*, en matière vivante, *organique*. Cette fécondation, soit végétale, soit animale, opère donc (dans les conditions convenables) la *création* d'une unité organique, d'un *individu*, caractère distinctif de tout germe auquel la fécondation a donné la *vie* et transmet la faculté de se développer selon l'espèce immuable à laquelle il appartient, et auquel elle donne en outre le pouvoir de se reproduire à l'infini, sans jamais sortir de l'espèce, comme le reconnaît textuellement M. le professeur Virchow lui-même.

Or, quelle est la source de cette puissance occulte de la fécondation qui se distingue d'une manière si tranchée des forces physico-chimiques ?

Où la chercher? D'où reçoit-elle sa force créatrice, si ce n'est de l'Auteur divin de la création universelle?

Donc, en présence des faits rendus évidents par les recherches de la plus haute science expérimentale, force est de reconnaître que la saine biologie se résume dans ces trois mystères :

Création, fécondation, reproduction.

Ainsi il est prouvé que :

1° La génération spontanée n'est pas (1) !

2° La mutabilité, la transformation des espèces n'est pas !

3° La vie, force immanente de la matière, n'est pas !

Que devient, dès lors, le matérialisme et le positivisme avec lui?

Rien !

Une vaine hypothèse sans preuves scientifiques quelconques, une déplorable, une grossière erreur !

---

(1) Voir le jugement, deux fois répété, de l'Académie des sciences.

Toutefois, du plus haut au plus bas de l'échelle, on invoque pompeusement le témoignage de la science (1).

Ce qui n'enlève rien à la gravité de ce cri de douleur et d'effroi que la vérité arrachait à Monseigneur Dupanloup, juge très-compétent :

« NOUS MOURONS PAR EXCÈS D'IGNORANCE (2) ! »

XII

Il me reste à démontrer quels sont les dangers que le *matérialisme* fait courir à l'ordre social et combien sont redoutables les conséquences de

---

(1) **N.-B.** — Tandis que M. le sénateur Littré (paroles de philosophie positive) dit « qu'il apporte au monde un dogme nouveau qui ne « prend son existence que dans la philosophie positive, une *science* « *générale* constituée par la série hiérarchique des *sciences parti-* « *culières*, dont le lien est dévoilé pour la première fois, » le *Français* nous apprend que dans une réunion d'ouvriers socialistes, tenue rue d'Arras, au commencement de janvier 1880, la citoyenne Rouzade, admise à l'honneur de la tribune, après avoir débité aux applaudissements de l'assemblée, les plus grossières impiétés, s'exprimait comme suit :

« J'espère que vous êtes de mon avis, à savoir qu'il faut rire de ces « bourgeois qui nous parlent de famille, de propriété, de religion, et « marcher de l'avant sur l'alignement de la *science et du progrès*. »

(2) Voir Hairdet, Monseigneur Dupanloup, *Biographie et Souvenirs*.

ce système pour la moralité, la prospérité publiques et pour l'avenir de la France.

J'ai dit ma pensée à cet égard, j'ai exprimé l'effroi que m'inspire la rapide diffusion des doctrines positivistes et matérialistes ; mais, pour avoir quelque valeur, mon avis a besoin d'être confirmé par l'expérience des siècles passés, et par quelques écrivains dont l'autorité soit incontestable. Je serai bref et concis.

Je citerai en premier lieu Montesquieu ; voici ce que je lis dans le volume de ses œuvres, où ce grand écrivain traite de la *grandeur et de la décadence des Romains :*

« Je crois que la secte d'Epicure (le maté-
« rialisme), qui s'introduisit à Rome sur la fin de
« la République, contribua beaucoup à gâter le
« cœur et l'esprit des Romains. Les Grecs en
« avaient été infatués avant eux ; aussi avaient-
« ils été plus tôt corrompus. »

Puis Montesquieu cite Plutarque, *Vie de Pyrrhus,* et dit :

« Cyneas ayant discouru de la doctrine d'Epi-

« cure à la table de Pyrrhus, Fabricius souhaita
« que les ennemis de Rome pussent tous prendre
« les principes d'une pareille secte. »

Et il ajoute :

« Outre que la religion est toujours le meilleur
« garant que l'on puisse avoir des mœurs des
« hommes, il y avait ceci de particulier chez les
« Romains qu'ils mêlaient quelque sentiment
« religieux à l'amour qu'ils avaient pour leur
« patrie. Cette ville, fondée sous les meilleurs
« auspices, ce Romulus leur roi et leur dieu,
« ce Capitole éternel comme la ville, et la Ville
« éternelle comme son fondateur, avaient fait
« autrefois sur l'esprit des Romains une impres-
« sion qu'il eût été à souhaiter qu'ils eussent
« conservée.

« La grandeur de l'État fit la grandeur des
« fortunes particulières; mais comme l'opulence
« est dans les mœurs et non pas dans la richesse,
« celles des Romains, qui ne laissaient pas d'avoir
« des bornes, produisirent un luxe et des profu-
« sions qui n'en avaient pas. Ceux qui avaient
« été d'abord corrompus par leurs richesses, le
« furent ensuite par leur pauvreté. Avec des

« biens au-dessus d'une condition privée, il fut
« difficile d'être un bon citoyen ; avec les dé-
« sirs et les regrets d'une grande fortune ruinée,
« on fut prêt à tous les attentats, et, comme dit
« Salluste, on vit une génération de gens qui ne
« pouvaient avoir de patrimoine ni souffrir que
« d'autres en eussent (1). »

Qui, après parcouru ce peu de lignes de l'immortel Montesquieu, ne sera pas frappé des points de ressemblance que présente aujourd'hui la France, livrée aux désastreuses doctrines du positivisme et du matérialisme, avec l'état où se trouvait la puissante Rome quand elle fut envahie par le matérialisme d'Épicure, lequel, après avoir corrompu les Grecs, corrompit bientôt les Romains ?

C'est dès cette époque funeste que Rome abandonne le respect, le culte des dieux, que les Romains, dit Montesquieu, perdirent le sentiment de l'honneur, la bonne foi dans les relations sociales ; qu'aveuglée par le luxe sans bornes des grands, succombant à la haine, à l'envie de ceux

---

(1) Voir Montesquieu, *Grandeur et décadence des Romains*, ch. X.

qui ne pouvaient avoir de patrimoine, la *Reine du
monde perdit la liberté !*

Rome devint bientôt la proie des Tibère, des
Caligula, des Claude, des Néron et autres affreux
tyrans qui l'entraînèrent dans la plus triste décadence, ponr la livrer enfin aux *barbares du
Nord* qui la mirent à sac !

Ecoutons encore le cri d'alarme d'un philosophe moraliste contemporain, justement célèbre.
Il nous dira ce que nous promettent les doctrines
de la négation, le positivisme aussi bien que le
matérialisme :

« Y a-t-on bien pensé? dit M. Guizot, se
« figure-t-on ce que deviendrait l'homme, les
« hommes, l'âme humaine et les sociétés hu-
« maines, si la religion y était effectivement
« abolie, si la foi religieuse en disparaissait
« réellement? Je ne veux pas me répandre en
« complaintes morales et en pressentiments
« sinistres ; mais je n'hésite pas à affirmer qu'il
« n'y a point d'imagination qui puisse se repré-
« senter avec une vérité suffisante ce qui arrive-
« rait en nous et autour de nous, si la place qu'y

« tiennent les croyances chrétiennes se trouvait
« tout à coup vide et leur empire éteint. Personne
« ne saurait dire à quel degré d'abaissement et
« de dérèglement tomberait l'humanité. C'est
« pourtant là ce qui arriverait si toute foi au
« surnaturel s'éloignait dans les âmes, si les
« hommes n'avaient plus dans l'ordre surnaturel
« ni confiance, ni espérance (1). »

C'est bien le cas d'ajouter avec Virgile :

« *Discite justitiam moniti, et non temnere*
« *Divos* (2). »

Apprenez à être justes, et à ne pas mépriser
les dieux !

Mais ce qui ressort de cette étude, ce qu'il y a
d'incontestable, c'est que l'amour de notre belle
France, le sentiment du patriotisme le plus naturel, doit éloigner tout citoyen d'une aussi noble
patrie des fausses doctrines positivistes ou matérialistes : un coup d'œil jeté sur l'état du monde
tant ancien que moderne, prouve à qui sait voir,

---

(1) Voir Guizot, *Méditations sur la religion*, t. 1ᵉʳ, p. 104.
(2) Voir Virgile. *Enéide*, livre VI.

que l'abaissement, la décadence, suivent de près
les nations qui se séparent de Dieu !

M. Le Play nous le dira d'ailleurs dans les
quelques lignes que je rapporte ci-après :

« Assurément, la perte des croyances et ses
« conséquences habituelles, l'antagonisme et
« l'instabilité, alors même qu'elles persisteraient
« chez nous, n'arrêterait pas l'essor de l'Europe ;
« l'esprit du christianisme, en effet, se conserve
« fermement chez trois puissants empires, avec
« une diversité conforme aux voies habituelles
« de la Providence. Leur force d'expansion se
« manifeste par les innombrables essaims qui en
« sortent de toutes parts ; ceux-ci contrastent
« visiblement avec notre stérilité actuelle, et ils
« reproduisent dans des conditions nouvelles les
« entreprises que nous avons accomplies à nos
« époques de foi et de fécondité par les croisades
« et la colonisation. Dans leur marche incessante
« contre le désert ou la barbarie, les pionniers
« de la *Russie,* de l'*Angleterre* et des *États-*
« *Unis* remplissent seuls la mission que dix siè-
« cles de progrès avaient ouverte à notre race et

« à laquelle nous devrions définitivement renon-
« cer, si la lutte de *l'esprit laïque contre la*
« *religion* devait plus longtemps persister.

« Que les hommes dévoués à la grandeur de
« notre pays et à la cause de la religion fassent
« donc effort sur eux-mêmes pour dominer une
« situation si critique ; qu'ils ne s'abandonnent
« pas à une dangereuse quiétude et qu'ils résis-
« tent surtout à l'orgueil ; qu'ils se dévouent
« enfin à conjurer un mal qui bientôt serait sans
« remède. Après de solennels avertissements
« de la Providence, profitons du moment de répit
« qui nous est donné. Reprenons la tradition que
« recommandent et le souvenir de la prépondé-
« rance de notre race et le succès actuel de nos
« rivaux.

« Plaçons de nouveau la société sous l'égide
« tutélaire de la religion (1) ! »

Le poison moral qui s'insinue rapidement dans
les veines de la France, est actif et dangereux ;
sans doute, il a causé déjà de bien grands rava-

---

(1) Voir Le Play, *la Réforme sociale en France.*

ges ; toutefois, il n'est pas le cas de céder au découragement.

La foi en Dieu, en son Verbe, en l'Eglise catholique est de plus en plus vivace dans les très-importantes parties de cette grande nation qui ne sont pas atteintes par la gangrène matérialiste.

Si l'on compare froidement les deux époques semblables à un siècle de distance, on se convaincra que quelque soit l'effroi que nous causent les doctrines de la négation, l'avantage, au point de vue chrétien, est encore en faveur de notre temps, et malgré le très-regrettable arrêt que nous cause la diffusion du matérialisme, malgré le trouble excessif qui règne dans les idées :

« Les faits religieux qui se sont accomplis dans « le cours de ce siècle au sein de l'Eglise catho- « lique de France, prouvent que le *réveil chré- « tien* est évident.

« Il y a eu avec certitude : progrès de foi « chrétienne ; progrès de science chrétienne ; « progrès d'œuvres chrétiennes ; progrès incom-

« plets et insuffisants, mais réels et féconds,
« symptômes d'une vitalité puissante et pleine
« d'avenir.

« Que les ennemis du christianisme ne s'y
« trompent pas ; ils lui font une guerre à mort,
« *mais ils n'ont pas affaire à un mourant* (1) ! »

Sursum corda !

CHRISTUS VICIT — CHRISTUS VINCET.

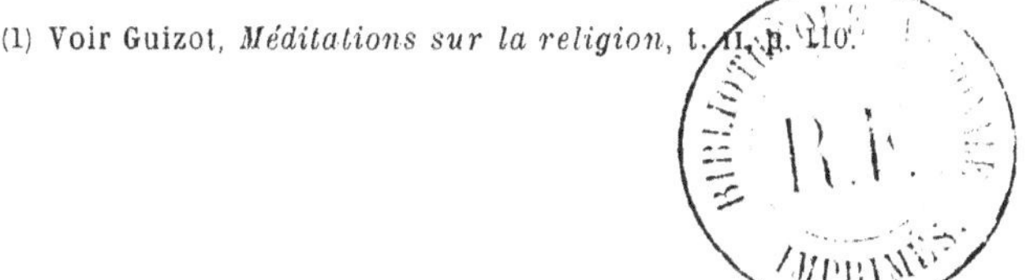

(1) Voir Guizot, *Méditations sur la religion*, t. II, p. 110.

Annecy. — Typ. J. Niérat et Cie, 7, rue Royale, 7.